道義国家日本を再建する言論誌

維新と興亞

第十四号

題字　柳田泰山

維新と興亞　第十四号

目次

どうする日本外交
日米地位協定改定　日中国交正常化50年

【巻頭言】このままではテロ多発時代が訪れる

五・一五事件で犬養毅総理が射殺されてから九十年目を迎えた直後、安倍元総理が凶弾に斃れた。

五・一五事件当時、国民生活が困窮する一方、政界、財界、官界の腐敗は窮まっていた。蹶起した三上卓が草した檄文には、「政権党利に盲ひたる政党と之に結托して民衆の膏血を搾る財閥と更に之を擁護して圧政日に長ずる官憲……」と書かれていた。

首相を暗殺したにもかかわらず、国民は蹶起した青年将校たちに同情していた。昭和八（一九三三）年七月に海軍側公判が開始され、青年将校たちの思いが伝えられると、減刑嘆願運動が一気に盛り上がり、国民運動の様相を呈した。嘆願書には市長村長、在郷軍人分会長、青年団長などの組織によるものもあったが、個人による自発的な嘆願も後を絶たなかった。新潟県から届いた嘆願書には、小指九本を入れて荒木貞夫陸相に「捧呈」した血書もあった。

同年九月の海軍側論告求刑で古賀清志、三上卓、黒岩勇に死刑が求刑されるや、助命嘆願という形で、嘆願運動は一層熱をおび、嘆願書は九月末までに七十万通を超えた。「五・一五の方々を死なせたくない」との遺書を残し、電車に飛び込み自殺をした十九歳の少女もいた（小山俊樹『五・一五事件』）。

国民は、貧困と格差に喘いでいたのだ。五・一五事件で立憲政友会本部襲撃隊に加わった陸軍士官学校本科生・吉原政巳は、砲兵科の首席で、恩賜の銀時計が約束されていた。ところが彼は、すべてを捨てて大義のために立ち上がったのだ。吉原は陸軍側公判で、郷里福島の農村の困窮を涙ながらに語り、「名も金も名誉もいらぬ人間ほど始末に困るものはない」との西郷南洲の言葉を挙げて、蹶起にいたる心情を語った。傍聴席は嗚咽に包まれたという。

また、ある女子工員が主席検察官を務めた匂坂春平に送った投書には、青年将校の行動について、「東北地方の凶作地への御心遣りなぞは、妾（私）の如き凶作地出身の不幸な女にどんなにか嬉しく感じたでせう。……身命を御賭し下さいました麗しい御精神には、ほんとに泣かされるのでございます」と書かれていた。

この時代にテロやクーデターが続いたのは、こうした国民感情があったからである。

一方、署名サイト「Change.org」で行われている、山上徹也容疑者の減刑を求める署名への賛同者は六千九百八十九人に達した（八月二十三日時点）。

もちろん、山上容疑者と、五・一五事件で蹶起した青年将校たちを同列に論じることはできない。青年将校を動かしたのは大義だったが、山上容疑を動かしたのは私怨である。しかし、テロが頻発した昭和初期の時代と現在には二つの共通点がある。一つは、一部の権力者や特権階級が利益を貪る一方、国民が貧困と格差に喘いでいる点である。特に小泉政権以来の新自由主義路線によって、貧困と格差の問題が深刻化した。

もう一つは、自由な言論空間が狭められ、国民の声が権力者に届かなくなっている点だ。第二次安倍政権が成立させた特定秘密保護法と共謀罪によってメディアが委縮し、先月には侮辱罪が厳罰化された。罰則は「一年以下の懲役・禁錮または三十万円以下の罰金」に引き上げられた。こうした中で「スラップ訴訟」（恫喝訴訟）が横行し、権力批判の言論はさらに委縮しつつある。

言論の力によって社会が変わるという希望がある間は、テロは容易には起こらない。しかし、自由な言論が封じられたときには、「テロしかない」と考える人が必ず現れるだろう。昭和初期の歴史もそれを示しているのではないか。

「新自由主義からの脱却」を掲げた岸田総理は、ただちに貧困と格差の問題に全力で取り組むと同時に、大企業やグローバル企業に利益を誘導してきた「政商」たちを政策決定から完全に排除すべきではないか。このままではテロ多発時代が訪れる。

（坪内隆彦）

【時論】令和の御代こそは天皇陛下の靖国神社ご親拝を仰ぐべし！

浦安市議会議員　折本龍則

今年も戦後七十七回目の終戦記念日を迎えた。毎年この日になると、今年は何人の大臣が参拝したといったことがニュースになる。お国の為に戦い亡くなられた英霊を政府が追悼するのは当然の事であり、首相以下全ての閣僚は、内外の圧力を排して靖国神社に参拝すべきである。

とはいえ、首相といえども所詮は人臣であり、英霊たちが一番待ち望んでおられるのは天皇陛下のご親拝ではないだろうか。なぜなら、英霊は「天皇陛下万歳」と言って亡くなったのであって、「内閣総理大臣万歳」といって亡くなった方はほとんどおられないだろうからである。よく、英霊は「天皇陛下万歳」などと言って死んでいない、最期は「お母さーん！」と言って亡くなったのだということを言う方がおられるが、天皇陛下は、故郷の父母や愛する家族、麗しい山河、悠久の歴史を内包した日本そのものを一身に体現された御方なのである。

したがって、政府は天皇陛下のご親拝を仰げるような環境整備にあらゆる努力を尽くすべきであり、首相以下全ての閣僚が靖国を参拝するのは、ご親拝の露払いなのである。

残念ながら、三十年に亘った平成の御代において、ついに天皇陛下の靖国ご親拝は叶わなかった。令和元年五月十一日、世間が御代替わりの祝賀ムードに沸くなか、「靖國会」の事務局長をされていた沼山光洋さんが、「平成の御代にご親拝賜われなかったこと天皇陛下、御祭神の皆様に大変申し訳なくお詫びの言葉もありません」と云った言葉を遺して、靖国神社付近の路上において割腹自決を遂げられた。恐懼に堪えない。

天皇陛下の靖国神社ご親拝については、昭和天皇が戦前戦後を通じて二十八回、現行憲法施行後も八回ご親拝されているが、昭和五十年の十一月二十一日を最後に途絶えてしまっている。この背景の一つには、昭和五十三年における故松平永芳宮司によるいわゆる

「A級戦犯」の合祀があるとされている。

しかし、たとえ如何なる事情があるにもせよ、目的は陛下のご親拝を実現することにあるのであるから、政府が逐一今上陛下の思し召しを拝しながら、原理原則に固執することなく必要な措置を講じ、ご親拝に立ちはだかる政治的障害物を取り除かねばならない。

ところで、靖国の英霊は、天皇陛下を大元帥に戴く皇軍の将兵として戦われた。皇軍が最強を誇ったのは、天皇陛下への忠義を通じて国民が心を一つにし、一致団結して国難に当たったからである。これは決して近代に始まったことではなく、万葉集にある「今日よりは顧みなくて大君の醜の御盾と出で立つわれは」の防人歌に示されるように、建国以来の我が国の伝統なのである。

したがって、目下、憲法改正の議論が高まっているが、自民党がかつて改憲案に掲げていた「自衛隊の国軍化」とは、天皇に統帥権を奉還して大元帥に戴くことに他ならない。これは極論でも何でもなく、我が国と国柄は違うが、例えば立憲君主制の英国においてさえ、国軍の最高司令官は英国女王である。

こういうことを言うと、すぐに「戦前の軍部は統帥権の独立の名の下に政府を無視して暴走し侵略戦争を引き起こしたではないか」、といった批判が来る。しかし筆者は、統帥権が独立していたから軍部が暴走したのではなく、逆に、統帥権が上手く機能していなかったから軍部の暴走を止められなかったのだと思っている。

古来天皇陛下は、国家の安泰と世界の平和を祈られるご存在であり、昭和天皇が大東亜戦争直前の御前会議に際し、明治天皇の「よもの海みなはらからと思う世になど波風のたちさわぐらむ」の御製を引かれて最後まで平和を思召され、戦後もご歴代の天皇が平和を祈り続けて来られたように、天皇陛下は世界平和の象徴であらせられる。したがって、その様な陛下を国軍の大元帥に戴くことは、我が国の軍隊が侵略戦争はしない、平和と道義の為の軍隊であることを内外に明示することにもなるだろう。

令和の御代こそは、何としても天皇陛下の靖国神社ご親拝を仰がねばならない。

大アジア研究会代表　小野耕資

本年七月八日の山上徹也容疑者による銃撃事件により、元首相が亡くなるという衝撃的な事件が起こった。同容疑者は世界平和統一家庭連合（旧統一教会）に家族が入信し、家庭が崩壊したことで、同教団の広告塔となっていた安倍氏を標的としたと供述している。

安倍元首相の死去からわずか六日後の七月十四日には、岸田首相は「ご功績は誠にすばらしいものである」として、安倍氏の国葬儀を行うことを表明し、二十二日には閣議決定がなされた。国葬儀は九月二十七日に日本武道館で無宗教形式で行われる予定だという。

国葬については微妙な歴史がある。戦前は『国葬令』のもと、天皇の勅令により執り行われている。皇族の他は、伊藤博文、山縣有朋、松方正義、西園寺公望ら元老がその中心であった。そうした国葬令が消失したと考えられた戦後は、天皇を除く皇族は国葬と明言しない「事実上の国葬」で執り行われている。また、戦後臣下で国葬された先例とされている吉田茂は国葬ではなく「国葬儀」だという奇妙な理屈で（勅令ではなく）閣議決定により行われた歴史がある。今回の安倍国葬も同様で、国葬ではなく国葬儀であるという理屈に立っている。なぜこのような奇妙な理屈がこねられているかというと、元来国葬とは、「国家元首及びその親族」と、「国家元首が認めた人物」がなされるものだ。しかし戦後のわが国は「日本国憲法」なる偽文書を抱えているために、国家元首が誰であるのかを曖昧にごまかしてきた。戦前からの通例にならって国家元首は天皇とするのか、「国民主権」を掲げた憲法を戴くため「国民（その代表である総理大臣）」とするのか、憲法論議は避けられてきた。結果、元首が祀られるべき国葬についても曖昧な対応とされ続けてきたのだ。昭和天皇の大喪の礼が国費でなされている通り、本質的に日本国の元首は天皇であると考えるほかないが、長年の自民党政治がこうした議論を明確にせずにごまかし続けてきたため、国葬についても法整備がなされていないのだ。法整備も元首に関する議論も棚上げしたまま、なし崩し的に先例だからと閣議決定で「国葬儀」をする姿勢は到底容認できない。

私見を申し上げれば、本質論的にいえば元首は天皇であるのだから元首及びその周囲の方を国葬とするのが自然ではないだろうか。国葬とは天皇が亡くなられた際の大喪の礼であって、臣下は国葬にされるべきではない。ちなみに安倍元首相の国葬の委託先は電通が受注したという。自民党と電通の癒着体質により、真底まで腐っていることが明らかになった。こうした政治体制の中で権力を維持しつづけたことも安倍政治の本質であり、皮肉な結果ともいえる。

ところで安倍国葬にまつわる報道の中では、喪主である昭恵夫人が国葬に乗り気ではなく、実はそっとしておいてほしいという意向なのではないかということに注目したい。もともと昭恵夫人は「内助の功」に徹することが多かった歴代の首相夫人とは異なり、東日本大震災の被災地の防潮堤建設の見直しを訴えたり、脱原発に言及したり、居酒屋経営をしたりするなど政府方針と異なる独自の動きをしつづけ、「家庭内野党」と呼ばれたほどであった。「後継ぎ」が期待される家庭環境の中で、体質的な面もあろうが子どももなく、「保守派」の重鎮とされた安倍氏であるが、夫婦関係は存外リベラルであったという。安倍氏も自らの家柄に課せられた「役割」を果たすことで精いっぱいであったのかもしれないと思うと感慨深い。岸田首相が早々に国葬儀を決定した背景には、海外要人の弔問客に対応することで自らの権力基盤を安定させたいという底意があるとも言われる。死してもなお権力に翻弄されることが安倍氏が背負った宿命だとすれば、哀しいことではないだろうか。

世の所謂「保守派」の中には安倍国葬を礼賛する方も少なくない。だが天皇陛下の勅もなく国葬儀を発する岸田総理の姿勢に、戦後の矛盾を見なければならない。中曽根元首相をはじめとした吉田茂以外の歴代総理大臣は、内閣と自由民主党の合同葬とされることが多い。これ自体も電通が受注したのか等税金の使い道は精査されないといけないのだが、少なくとも国葬儀よりは穏当な対応であり、安倍氏も同様の対応とすべきではないだろうか。

どうする日本外交

日米地位協定改定
日中国交正常化五十年

かつて日本外交には、良くも悪くも崇高な理想があった。日本人は、肇国の理想、神武天皇橿原奠都《かしはらてんと》の詔に基づいて、わが国本来の姿である道義国家の確立を目指すだけではなく、道義国家日本を世界が自然に見習うように範を示すという理想を維持してきた。

例えば、日清戦争直後、興亜の先覚・荒尾精は『対清弁妄』で「我国は皇国也。天成自然の国家也。我国が四海六合《りくごう》を統一するは天の我国に命ずる所也。……皇沢に浴せざる者なきに至らしむるは、豈《あ》に我皇国の天職に非《あら》ずや」と書いた。

大東亜戦争に至る過程でも、わが国の外交には理想があった。例えば、イタリア特命全権大使を務めた白鳥敏

夫は、民族的理想を基調とし、現実的な小利は犠牲にしても国家百年の大局的利益を目標とし、日本だけの利己的利益を追求する代わりに諸民族との共通の利益を目標とする「大局的大乗外交」の必要性を訴えていた。

ところが現在、大半の日本人はそうした理想を日本人が抱いていたことすら忘却してしまっている。その結果、「安全保障の維持」、「国益の維持」の名のもとに、アメリカ追従、アメリカ従属を七十七年も続けてきた。外務省には現代の不平等条約「日米地位協定」に手をつける気概がない。否、その発想すらないのかもしれない。

まもなく日中国交正常化五十年を迎えるが、現在の日中関係は極めて厳しい。三期目に突入する習近平政権との関係はさらに困難になるかもしれない。

しかし、我々は習近平後の中国の変化をも見据えて、中国との関係を考える必要があるのではないか。荒尾精は、肇国の理想に基づけばこそ、日支関係についても百年の長計という視点で考えていた。いまこそ日本外交に長期的視点と崇高な理想を取り戻すときではなかろうか。

日米安保条約を破棄すればいい

元衆議院議員　**亀井静香**

ポチの流れが政治の主流になってしまった

―― 先日凶弾に倒れた安倍元総理は、「日本を、取り戻す」と言っていましたが、結局対米従属を強めてしまったのではないでしょうか。

亀井　晋三が日本を取り戻そうとしたのであれば、日米地位協定の改定に取り組むべきだった。日本はアメリカという飼い主のポチだと見られているが、ポチにだって権利はあるんだよ。飼い主が日本に来て、好き勝手なことをやっても日本の国内法で罰することができない。そんなばかなことがありますか。

いま、晋三を評価する声が高まっているけど、晋三が地位協定に手をつけなかったのは残念だったね。地位協定に手をつけず、戦後レジームからの脱却ができますか。沖縄で米軍基地からコロナの感染が広がったのは、米軍に対して日本の法律に基づいた検疫ができないからだ。外国軍に対して国内法を適用することは、主権国家として当然のことだ。ドイツやイタリアも、地位協定を改定して米軍に国内法を適用できるようにしたでしょ。

ところが、現在の日本の状況は占領時代と何も変わらない。サンフランシスコ講和条約が発効して日本が主権を回復した後も、米軍は日本に居座っている。かつては、米軍の撤退を求める声もあった。一九五五年の保守合同前の日本民主党は、鳩山一郎をはじめとする民族主義的な系譜をひいていたんだよ。しかし、保守合同によって吉田茂流のポチの流れが政治の主流になってしまった。

現在、野党の中には地位協定反対を主張する政党もあるが、自民党は地位協定改定を表にすら出さない。飼い主に唯々諾々としたがうだけで、何も言わない。ポチのままでいる方が楽ちんだと思っている連中ばかりだ。

多くの国民もポチのままでいいと考えているのだろうね。だから、政治家も波風立てず、黙っていた方が選挙に有利だと考えている。日本人としての誇りを捨てて、損得だけで動くようになってしまったんだよ。マスコミもそういう流れの中で飯を食っているから、異論を唱えない。

「自分の国は自分で守る」とはっきり言え！

――属国状態から抜け出すにはどうすればいいのでしょうか。

亀井　日米安保条約を破棄すればいい。本来は、日本のリーダーが「アメリカに守ってもらう必要はない。自分の国は自分で守る」とはっきり言わなくちゃいかん。

――ただ、保守派の中には「安保条約を破棄すれば中国が攻めてくる」という声が少なくありません。

亀井　仮に中国が攻めてきたら、最低限「相打ち」に持ち込めばいい。現在の戦争では、外国軍がいきなり日本に上陸し、地上戦になるようなことはない。仮に中国が軍事的行動を起こすとすれば、日本に対するミサイル攻撃ですよ。そうした攻撃を抑止するためには、少なくとも北京に対して報復できる力を日本が持てばいい。場合によっては核武装も考えればいい。

――不平等な地位協定が改定されないばかりか、アメリカに対する「思いやり予算」も増え続けています。

亀井　2020（令和4）年度からの5年間の負担総額は、1兆550億円にまで拡大した。いまは飼い主がポチに餌をくれるどころか、ポチの餌もとりあげようとしているんだ。2016年の米大統領選挙で、トランプは日米関係の実情を知らずに、「日本は安保タダ乗りだ」などと勝手なことを言っていた。だから、俺はトランプ当選に危機感を抱いたんだよ。

アメリカのメディアも日本のメディアも、クリントンが勝利すると言っていたが、俺は2016年5月の時点で、絶対にトランプが勝つと確信した。民主党の候補者選びでサンダースが負けたからだ。その結果、サンダースを支持した民主党系の連中の票がトランプに流れ、トランプが勝つと思ったんだ。

そこで、就任前にトランプと話をつけなきゃならんと思った。

記者会見をする亀井氏（2016年5月19日）

そこで、石原慎太郎と二人で、トランプに対して意見交換を申し込んだ。投票日直前の２０１６年11月に入って、ようやく向こうから、「11月7日に会談をセットします」と正式に返事が来た。そこで、すっ飛んで行ったんだ。ところが、アメリカに到着すると、選挙は大接戦のままトランプ当選が決まり、結局会談はできなかった。

国民が先にいて、後から天皇を作ったのではない

――現行憲法についてはどのように考えていますか。

亀井　晋三は改憲を目指したが、本当は9条よりもまずは前文と1条が問題なんだ。特に1条は「天皇の地位は、主権の存する日本国民の総意に基く」と、天皇をアメリカの大統領のような存在として規定している。天皇は、国民投票で選ぶような大統領とは本質的に異なる存在だ。国民が先にいて、後から天皇を作ったのではない。天照大神の時代から天皇と国民は同時に存在していた。それが日本の成り立ちですよ。

慎太郎は前文については語っていたが、助詞に関することだ。「平和を愛する諸国民の公正と信義〈に〉信頼して」の助詞「に」を間違いだと指摘し、「公正と信義〈を〉信頼して」と修正した方がいいと主張していた。天皇のご存在は西洋の君主制とは違って、最高位の司祭のようなものだという共通の認識はあったが、慎太郎は「天皇の地位は、主権の存する日本国民の総意に基く」については、あまりこだわっていなかったな。

――大日本帝国憲法への復元についてはどう考えますか。

亀井　徳川幕府を倒して権力を奪取した薩長の連中は、国民からの支持を得るために、錦の御旗として天皇を利用しようとしたんだ。そのために、あのような大日本帝国憲法を作った。それに復元したってだめだ。俺は、憲法で天皇を規定する必要はないという立場だよ。国民を統治するための憲法で天皇について定めるなど、恐れ多いことなんだよ。そういうことを右の連中も言おうとしないね。

習近平やプーチンに対抗できる独裁者が必要だ

――日本では政権交代が起こらず、政治の閉塞状況が続いています。

亀井　民主主義が最高の政治形態だと勘違いしている人がいるけど、民主主義なんていうものは、外国のものなんだよ。そもそも多数決というのは、多数派が少数派を屈服させる手段だよ。日本はそういう国柄じゃないんだよ。日本では村人たちが集まって、「田植えどうすべえ」「稲刈りどうすべえ」と話し合って、物事を決めてきたんだよ。これが日本のやり方であり、民主主義というのは戦後の占領政策の中で持ち込まれた外国流の仕組みだよ。

徳川幕府の専制政治に対して、ヨーロッパのような市民革命が起きなかったんだよ。大塩平八郎の乱のような国民の運動が成功していたら、別の形で新しい政治権力を作ることができたかもしれない。しかし、結局は薩長の権力奪取に終わってしまったんだ。

――国民の運動の中から政治権力を作っていかなければならないということですね。

亀井　しかし、いまの小選挙区という制度では非常に難しい。この制度の中からは、多様な意見を持った人材が生まれない。中選挙区時代には、自民党の候補者同士が、あるいは社会党の候補者同士が切磋琢磨していた。民衆に根差したエネルギーが政治家をつくってきたんだよ。

いま、優れたリーダーが出てこなければ、日本はこのまま没落していく。いまの岸田総理は、人は良いけれど、カリスマ性や国民を惹きつける理念に欠けている。晋三は指導者に必要な要素を若干持っていた。祖父や父から政治の基本を身につけてきたし、世間が晋三をリーダーにすることを許すという雰囲気があった。だけど殺されちゃった。

――グローバリズムに抵抗し、アメリカから自立するためには、旧来の左右の対立を超えて大同団結する必要があると思います。

亀井　国民民主党の玉木雄一郎は良いと思うけど、彼は政府予算案に賛成したでしょ。その結果、野党に寄れなくなっちゃった。だから、玉木には「もはや野党からテイクオフしたんだから、自民党を飛び越え、自民党の右側まで回り込んで、保守勢力をまるごと飲み込めばいいんだ」と言ってやった。いいアイディアでしょ。連立の場合、少数派の方がシャッポ（首相）になりやすいんだよ。多数派がシャッポになると少数政党は協力しない。俺がかつて作った村山富市連立政権もそうだった。

玉木もその気になったように見えたが、彼の周りにいる連中が羽交い絞めにしているから、彼は動けない。一方、自民党にはなかなかいい人材が見当たらない。武田良太や城内実ぐらいのもんだろうな。

――格差がこれ以上拡大すると、昭和維新の時代のようにテロやクーデターが起きるという指摘もあります。

亀井　いまの自衛隊にはクーデターをやる力はないよ。ただ、かつてはそういう計画が実際にあったんだ。俺は警察庁にいるとき「裏公安」をやってたからね。防衛大学卒業生の一部がクーデター計画を実際に練ってたんだよ。その計画を俺は事前にキャッチし、その動きを止めるために防衛省の人事課長に電話を入れて、何も理由を言わずに首謀者3名を即座に配置転換するよう要請したんだよ。それで首謀者たちは、計画が発覚したとわかったんだ。ただ、クーデターが今後起きないという保証はない。

大事なことは、今後どのようなプロセスで日本に強い指導者が生まれるかだ。習近平やプーチンに対抗できる独裁的なリーダーが、この日本で生まれてくるかどうかが勝負だ。そうしたリーダーが生まれなければ、意思決定が遅れるし、世界の動きについていけなくなる。その結果、世界が大国によって好きなように料理されてしまう。これが日本の危機なんだよ。

対米自立を政治の大きな流れに

元内閣総理大臣　鳩山友紀夫

一国の領土に外国軍が居続ける異常さ

――鳩山さんは総理時代に、普天間基地の移設について「最低でも県外」を目指しましたが、結局それを実現することはできませんでした。

鳩山　世界の歴史を見ても、一国の領土に外国軍がこれほど長く居続けるというのは極めて異常なことです。戦後23年経てば戦後100年となります。100年経ってもアメリカの軍隊が日本に居続けているなんてことは考えられません。

本来、自分の国は自分で守らなければいけません。ところが、アメリカへの軍事的依存がますます高まり、日米の共同訓練が強化され、日米の軍事的一体化が進んでいます。こうした中で、米軍が日本に基地を置くのは当然という考え方がむしろ強まっています。

世界の中で最も軍事力が強いアメリカが、本当に平和を愛する国であればいいのですが、歴史を見ればアメリカは、（米国流の）民主主義のためと言いながら、他国を侵略してきたわけです。そのような国と運命を共有していていいのかということを、真剣に考えなければなりません。

２００９年9月に総理に就任した私は、米軍基地の縮小を目指し、まず普天間基地を最低でも県外、できることなら国外に移設しようとしました。ところが結局、移設先を辺野古に戻してしまい、沖縄県民に大きな失望感を与えてしまいました。自分自身の非力さを認めなければならないと思います。

また、残念ながら、鳩山政権が目指した県外移設に、担当する大臣も民主党も積極的に動こうとしませんでした。結局、対米従属の重しの中に自分が埋められるという結果に終わってしまったわけです。

―― 当時、外務大臣は岡田克也さん、防衛大臣は北沢俊美さんでしたが、県外移設には外務官僚、防衛官僚の抵抗が強かったように思います。

鳩山 官僚たちが、「鳩山の目指す県外移設に全力で取り組むのだ」という気持ちになってくれれば、大臣が積極的に動いた可能性もあったでしょうが、官僚たちはそのような気持ちにならなかったのでしょう。岡田外務大臣にしろ、北沢防衛大臣にしろ、最初から諦めてしまっていたのです。岡田さんは当初は嘉手納基地への統合を考えていましたが、それが無理だと考えると、あっさり県外移設を諦めてしまったのです。北沢さんにいたっては、最初から辺野古でいいとおっしゃっていたようです。こうした状況を招いたのは、自分自身の徳と強いリーダーシップがなかったからだと思います。

ただ、民主党と連立を組んでいた国民新党の亀井静香先生たちは、我々がやろうとしていることを理解してくださり、協力してくださいました。

確かに、２００９年の政権交代のマニフェストには「最低でも県外」という文言はありませんでしたが、２００２年に民主党が作った沖縄ビジョンには「普天間基地の移転については、あらゆる可能性を積極的に検討する」と書かれていました。党としてそうした方針を決めていたのですから、政権に就いてそれをやらない方がむしろおかしいと私は考えたのです。沖縄の人たちは、沖縄ビジョンに非常に期待をしてくれていました。

ところが、マニフェストをつくった民主党の人たちは「政党として決めていないことに鳩山が踏み込んだ」と考えたのでしょう。ここから齟齬が生じてしまったのです。

「最低でも県外」を断念させた外務省の「偽造」文書

―― 徳之島への移設を模索していました。

鳩山 ２００９年の年末に、公邸で徳之島の町長さんや青年部の方とお会いしました。彼らは「徳之島は高齢化が進んでいて、このままでは経済が成り立ちません。島を活性化するために基地を誘致してもらいたい」と訴えました。これは有難い話だと考えて、内密に状況を調査したいと思い、官房長官に動いてもらいました。

ところが、その動きがマスコミにリークされ、徳之島移設に対する反対運動が起きてしまったのです。その結果、町長たちも黙ってしまいました。もう少しうまくやらなければならなかったと反省しています。

―― 2010年4月19日に、鳩山総理のもとに、「極秘文書」と押印された文書が届けられたと報じられています。その文書には、米軍マニュアルにヘリ基地と訓練場との距離は「65海里（約120キロ）以内」との基準が明記されており、徳之島と沖縄本島との距離は104海里（192キロ）なので、移設先として条件を満たしていないと書かれていたとされています。これは事実でしょうか。

鳩山　事実です。ここに文書があります。米軍のマニュアルに、「65海里以内」という基準が明記されていることは、実質的に沖縄から県外には基地を移せないということを意味します。この文書を受け取った瞬間、私は県外移設を完全に断念したのです。

ところがその後、この文書は県外移設を断念させるために作成されたのではと考えるようになりました。つまり誰かが偽造したものであったことがわかったのです。米軍にはそのようなマニュアルは存在しないのです。しかも、外務省はこの文書作成を認めていませんし、当然保存もされていないのです。コピーをとると「複写厳禁」という文字が映り込むのです（20頁）。

安倍さんの時代には、役人が平気で嘘をつくようになりましたが、当時私は、役人が偽物の文書を作るなどとは考えもしませんでした。

祖父・鳩山一郎のDNA

―― 鳩山政権は日米地位協定改定を目指しました。

鳩山　私は、総理として日米地位協定の改定に向けて交渉をするように外務省に命じました。しかし、外務官僚たちは、「アメリカ側は改定には応じようとしません。運用の改善で対応していくしかないです」と言って、動かなかったのです。現在の外務省はアメリカしか見

極秘	
Ⅱ/10 部の内10号	
指定期間	H27.4.18迄
指定事由	5-③
備考： [redacted]	

普天間移設問題に関する米側からの説明

平成22年4月19日

19日、在京米大で行われた標記米側説明の概要は以下のとおり（米側出席者：ウィルツィー在日米軍Ｊ５部長、ヤング在京米大安保課長、日本側出席者：須川内閣官房専門調査員、船越外務省日米安保条約課長、芹澤防衛省日米防衛協力課長）

1.　距離の問題（「65海里」（約120km）の問題）

（１）「65海里」は、回転翼航空部隊の拠点と同部隊が（陸上部隊と）恒常的に訓練を行うための拠点との間の距離に関する基準であり、米軍のマニュアルに明記されている。念のためこの基準を超える例があるが調べたが、全世界的になく、最も距離のある例でも35海里（約65Km）である。

（２）上記基準は、元々、多目的ヘリの無給油での航行可能時間が約2時間であるので、1時間を任務遂行時間とした場合、残りの1時間で航行可能な片道の距離（時速130海里(約241Km)で計算）を基準に算出したものである。仮に徳之島（沖縄本島中北部から約104海里（約192Km））に当てはめた場合、ヘリ部隊の中で最も速度が遅いヘリはUH-1であり（時速130海里(約241Km)）、右はオスプレイに代替される予定はない。訓練のためにUH-1が徳之島から沖縄本島に航行するには約1時間必要である。また、ヘリが給油なしで飛ぶのは約2時間が限界なので、沖縄本島で訓練するためには給油が必要であり、その場合、給油地は嘉手納飛行場となろう。その際、給油に要する時間は最短で20-30分である。その上で、嘉手納飛行場から中部訓練場、北部訓練場への飛行時間は約15-20分である。更にその上で、1時間の訓練を行った場合、沖縄本島から徳之島まで帰るには、再度、嘉手納飛行場で給油を行い、徳之島に飛行する必要がある。その場合、沖縄本島における1時間の訓練のために合計約4時間以上の飛行を要する。

（３）仮に沖縄本島の訓練場にヘリのための給油施設を造った場合でも、徳之島から沖縄本島までの距離は同じであり、訓練場の給油施設は嘉手納飛行場のそれに比較して小規模となることが予想されるため、例えば、中隊規模の訓練の場合、給油時間が格段に増大する。そのため、いずれにせよ、1時間の訓練のために合計約4時間必要となる。

（４）ヘリ部隊と陸上部隊は恒常的に訓練を共にしなければならない一方、上記のような運用は、陸地のない水域（open water）上を飛行するリスク、パイロットのストレス、機材の摩耗、燃料費の増大のコスト等を考慮しなければならず、全く持続可能ではない。

（５）仮に上記のような状況で訓練を強いられる場合、部隊の即応性の維持に必要な訓練を十分に出来ず、部隊の即応態勢そのものに影響を与える。

（６）CH-46がオスプレイに代替された場合でも、ヘリ部隊は、通常の場合、輸送機（CH-46、CH-53、オスプレイ）、攻撃機（AH-1）、多目的機（UH-1）が統合されて運用される必要があるため、上記訓練の所要を満たすために、最も速度の遅いヘリに合わせる必ていないのです。かつては外務省にもチャイナ・スクールやロシアン・スクールが存在しましたが、現在の外務省はアメリカ一辺倒です。アメリカとの関係だけをやっていれば、出世するという状況です。非常に嘆かわしいことだと思います。だから、彼らは最初からアメリカと交渉することを諦めているのです。

これまで外交交渉は外務官僚に委ねられてきましたが、日本の総理がアメリカの大統領に対して「地位協定の改定を求める」と言い切る必要があると思います。総理時代に、外務省に任せるのではなく、私が直接オバマ大統領にはっきり要求すればよかった。自分の考えも押しも足りなかったと思います。

いまなお、沖縄では米軍兵による事件が後を絶ちません。ところが日本の法律で彼らを裁くことができず、いつも被害者は泣き寝入りするしかありません。日本は独立国ではないということです。日米関係を対等な関係に変えていくことが、日本の最も重要なテーマだと考えています。『維新と興亜』がこのテーマを重視した言論活動をしていることはとてもありがたいです。

―― 総理時代に日米合同委員会の存在については理解していたのでしょうか。

鳩山 私は迂闊にも日米合同委員会のことを十分に理解していませんでした。そこでの決定が、ある意味で憲法以上の力を持っていることも知りませんでした。ニュー山王ホテルにはミッキー安川さんのパーティなどで何度か行ったことがありましたが、そこで日米合同委員会が開かれていることも知りませんでした。

総理時代、日米合同委員会についての報告は一度もありませんでした。これは、私以外の総理の時代も同じだと思います。日米合同委員会の議事内容は一切表に出ていないのです。また、日米合同委員会の構成は非常にアンバランスです。アメリカ側は、大使館公使以外は全て軍人ですが、日本側は局長クラスの役人だけです。もし総理になった時点で日米合同委員会のことを理解していれば、そこにメスを入れたかったですね。

―― 鳩山政権は年次改革要望書を廃止しました。

鳩山 小泉政権は、アメリカが年次改革要望書での要求を受ける形で、郵政民営化を推進しました。アメリカの要求に沿って日本の規制改革や民営化が進められていること自体が、大きな問題です。もともと年次改革要望書は日米が相互に要望し合うものであったにもかかわらず、アメリカが一方的に日本に要求する手段として使われていたのです。したがって、一旦これは止めた方がいいと考えて廃止したのです。これに対してアメリカからのリアクションはありませんでした。彼らは、年次改革要望書に代わる仕組みを改めて作ればいいと考えたのでしょう。その後、アメリカはTPPの枠組みを利用して日本の規制改革を迫るようになりました。

——御祖父様の鳩山一郎さんは、アメリカ追随ではない自主外交を展開しましたが、鳩山さんが対米自主外交を模索した際に、御祖父様のことは念頭にあったのでしょうか。

鳩山　私のDNAの中には、あったのかもしれません。吉田茂さんはアメリカとの関係を築きました。これに対して、祖父は共産党嫌いでしたが、自主外交を展開するために、共産圏諸国との共生を目指したのです。祖父はまずソ連との関係に力を入れ、日ソ共同宣言をまとめました。祖父が元気であれば、日中もやろうしたでしょう。実際、退陣後も日中関係の改善に情熱を傾けました。

——御祖父様の奥様の薫さんの父である寺田栄は、大アジア主義を唱えた玄洋社の幹部で、孫文の革命を支援した人物だと伺っています。

鳩山　それは事実だと思いますが、詳しく調べたことはありません。

アメリカを怒らせた東アジア共同体

——東アジア共同体に対して、アメリカが警戒感を高めたことが、鳩山政権崩壊の原因だったという見方もあります。

鳩山　確かに、米国家安全保障会議（NSC）アジア上級部長のジェフリー・ベーダー氏やジャパン・ハンドラーとして知られるジョセフ・ナイ氏などが、東アジア共同体構想に反発していたのは事実だと思います。日米関係を少しでも相対化し、米国の既得権を犯すような構想に対しては、彼らは本能的に拒絶反応を示します。しかし、私はアメリカ外しを意図していたわけではありません。私は東アジア共同体の創造を新たなアジアの経済秩序と協調の枠組み作りに資する構想として掲げたのです。

日本は朝鮮半島を植民地にし、中国に進出した時期がありましたが、そうした歴史を乗り越えて、東アジア全体を戦争のない地域にしていくためには、この地域に共同体を創造することが必要だと考えているのです。それを支えているのが、友愛の精神です。

かつてクーデンホーフ・カレルギーは、友愛の精神に基づいて汎ヨーロッパ主義を唱え、それが最終的にEUに結実しました。友愛とは自分の自由と自分の人格の尊厳を尊重すると同時に、他人の自由と他人の人格の尊厳をも尊重する考え方のことです。欧州においては、悲惨な二度の大戦を経て、それまで憎み合っていた独仏両国は、石炭や鉄鋼の共同管理をはじめとした協力を積み重ね、さらに国民相互間の交流を深めた結果、事実上の不戦共同体が成立しました。独仏を中心にした協力の動きはその後も続き、EUへとつながったのです。

1952年にカレルギーの『Totalitarian State against Man』を『自由と人生』のタイトルで翻訳した祖父は、友愛の精神が非常に大事だと考えていました。

私は、東アジア共同体を創造するには、アジアの平和と安定という大目標のために、日本が中国や韓国と歴史認識を含め、信頼関係の再構築へ、今までの考え方を方向転換することが必要だと思います。もちろん領土問題は重要です。日本と韓国の間には竹島の問題があり、日本と中国の間には尖閣諸島の問題があります。しかし、東アジア全体を一つの共同体にすることによって、国境を越えてみんなが平和に暮らしていける世の中にしたい。

東アジア共同体の中心は沖縄がいいと考えています。沖縄に常設の東アジア議会みたいな機関を設置し、教育・文化・スポーツ・経済・貿易・金融・環境・エネルギー・医療などあらゆる問題を議論する場にすべきだと思います。それによって、東アジアが抱える様々な障害を取り除き、刺々しい国家間関係を緩和することができると思います。

私は、総理時代に、国家副主席だった習近平氏と会見しましたが、この構想に賛同し、彼は人類運命共同体とも言っています。韓国の中にも東アジア共同体の賛同者はかなりいます。

――東アジア共同体が中国の覇権主義に利用されるという意見もあります。

鳩山　習近平主席は「自分たちは図体が大きいから、中国が咳をするだけで周りが風邪をひくのではないかと心配する。漢民族には決して侵略のＤＮＡはない。万里の長城は他民族からの侵略を防ぐために築かれた」と語っていました。

私には、中国が世界の覇権を握ろうとしているとは思えません。あれだけ大きな国を維持していくだけでも大変です。もちろん、中国が覇権主義的な行動をとれば、それに対して日本は言うべきことをきちんと言わなければなりません。

ただ、覇権主義をとっているのはむしろアメリカの方です。中国はアメリカのおかげで急速に経済発展しましたが、中国が台頭し、大きな顔をするようになると、アメリカは中国を懲らしめたいと考えるようになりました。アメリカは自分が世界の覇権を維持したいと考えているから、台頭する国が自分の覇権を脅かさないように叩いておかなければならないと考えているのでしょう。

覇権国家・アメリカの本音

――バイデン政権は民主主義と権威主義の対立を強調するようになっています。

鳩山　中国の台頭を押さえつける政策を正当化するために、民主主義と権威主義の対立を利用しているに過ぎないと私は思っています。

古代ギリシャの歴史家ツキディデスは、「ペロポネソス戦争を不可避なものにしたのは新興国アテネに対するスパルタの恐怖心であった」と述べましたが、まさに現在「トゥキディデスの罠」を警戒すべき時だと思います。急速に台頭する新興大国に対して既存の支配的な大国が焦りを感じ、その地位を守るために現状維持を望み、その立場を巡って摩擦が起こり、お互いに望まない直接的な抗争に発展するという危険性です。こうした事例は歴史的に数多くあります。

アメリカは、中国は価値観が違うといって批判していますが、戦後、アメリカと価値観がそれほど違わなかった日本が急成長したときに、アメリカは日本を押さえつけるようなことを行いました。

　また、私はそれぞれの国に異なる民主主義の形があると考えています。中国には民主主義はないと決めつけるのは短絡的だと思います。このようなことを言うと、「あなたは中国を擁護し過ぎだ」と言われます。しかし、私はもっと冷静に中国の状況を見るべきだと思います。メディアは中国脅威論や台湾有事論を煽っているように見えます。

　メディアでは「ロシアがウクライナを侵略したように、中国は台湾に攻め込むだろう」といった議論が展開されていますが、私は中国が台湾を武力で制圧しようなどとは考えていないと思います。ウクライナの状況を見れば、中国はますます慎重になります。

――ペロシ下院議長の台湾訪問についてはどう見ていますか。

鳩山　バイデン政権も米軍もペロシ議長の訪台には否定的でした。ところが、岸田首相は安易に、ペロシ議長と直接会うという判断をし、実際笑顔で固い握手を交わされました。これもまた、外務省の言う通りに動いているからなのでしょう。これに対して、韓国の尹《ユン》錫悦《ソンニョル》大統領はある意味で賢明な判断をされ、面談を避けられました。

　アメリカの挑発に中国が乗り、ますます米中の対立が激しくなるのを抑えるために、常に冷静さを保ち、米中関係の安定化に努めるのが日本の果たすべき役割だと思います。アメリカに追随しているだけでは、そうした役割は果たせないと思いますね。

侵略の意図を減らすことによる抑止力

――9月に日中国交正常化50周年を迎えます。

鳩山　現在、日中関係を安定化させるのは難しい状況です。私は、メディアにも責任があると思います。中国や韓国に対して日本人が嫌悪感を抱くような報道が多過ぎるように思います。私は尹大統領とも会いましたが、彼は条件をつけず、日本と議論をしたいとおっしゃっていますし、習近平主席も少なくとも私に対しては、「日本とも仲良くしたい」とおっしゃっています。亡くなられた安倍元首相は習近平主席の国賓としての来日を希望されている時期もありましたよね。

　秋葉剛男国家安全保障局長が8月17日に、外交を統括する楊潔篪《ようけつち》さんと7時間も会談しました。そして日中両国の「建設的かつ安定的な関係」の構築に向け、双方が努力する必要があるとの認識で一致し、対話を継続することを確認したことには、希望が持てると感じました。

―― 自主防衛についてはどのように考えていますか。

鳩山 脅威とは、「能力×意図」です。軍事力だけで抑止力を拡大しようと考えれば、際限のない軍事力拡大競争になります。こうした競争を続ければ、些細なことから戦争に発展する危険性が高まります。それでは真の意味での抑止力とはなりません。わが国が敵基地攻撃能力を持つことが抑止力の強化になるとは思いません。

軍事力がどんなに大きくても、意図がなければ脅威ではないわけです。アメリカが世界最大の軍事力を持っていても、日本はアメリカが脅威だとは考えていません。アメリカには日本を侵略する意図がないと考えているからです。

私は、自衛のための軍事力は強化しなければならないと考えていますが、侵略しようという意図をなくすのが、本来の抑止力だと考えています。東アジア共同体のような組織を作り、みんなで議論をして、侵略する意図をほぼゼロにする努力をすればいいのです。祖父もまた軍事力の意義について自覚しつつ、自主外交を展開することによって、軍事力の必要性を減少する国際環境を実現しようと考えていたのだと思います。

―― 保守派の中でも対米自立論が拡大しつつあるように思います。本誌第13号で取り上げたすべての保守政党が日米地位協定の改定に賛成しています。

鳩山 私は、アメリカだけに依存したままで、日本が本当に幸せになれるとは思いません。いまこそ、アメリカからの自立を目指すべきです。ただ、アメリカからの自立には、軍事力による自立と外交努力による自立があると思います。私は後者をとりたいと思っているのです。それでも、対米自立を政治の大きな流れにしていくためには、小異を残しても大同につく努力をする必要があると思います。自分もロートルとはいえ、そうした政治の流れの中に身を置けるような環境ができればいいと願っています。

日米地位協定改定の方策

参議院議員・前埼玉県知事　上田清司

陸奥宗光や小村寿太郎が泣いている

――日米地位協定は日本の主権を侵害しています。ところが、協定の改定は遅々として進みません。

上田　どのような高い地位に就いていても、日本国内で罪を犯せば、日本の法律によって裁かれます。ところが、米軍にだけは治外法権が認められているのです。日米地位協定は、米軍人や軍属の公務中の犯罪について、米側に優先的に裁判権を認めています。公務外であっても、米側が先に身柄を確保した場合は日本側が起訴するまで引き渡されません。

　このような状況にあるからこそ、米兵による犯罪が繰り返されているのだと思います。沖縄県によると、本土復帰した1972年から2015年までに検挙された米軍関係者による強姦事件だけで129件に上ります。1995年には米兵3人が少女を拉致し、暴行する事件も起きています。

　先人たちが努力の末にようやく勝ち取った主権が、日米地位協定によって再び踏みにじられているのです。徳川幕府が安政5（1858）年6月に結んだ日米修好通商条約は、日本の関税自主権を認めず、アメリカの領事裁判権を認めていました。まさに不平等条約だったのです。幕府は、アメリカだけではなく、オランダ、ロシア、イギリス、フランスとも同様の条約を結びました。

　明治維新後、陸奥宗光外相はこの不平等条約の改正を目指し、明治27（1894）年に日英修好通商条約に代わる日英通商航海条約に調印し、領事裁判権の撤廃、関税自主権の一部回復を達成しました。その後、小村寿太郎外相によって、さらに改正交渉が進められ、明治44（1911）年の日米通商航海条約等の締結によって、関税自主権を完全に回復したのです。ここに辿りつくまで、半世紀以上の歳月がかかったのです。ところがいま、わが国は陸奥や小村の努力によって勝ち取った主権を失っているのです。陸奥や小村が泣いていますよ。

地位協定抜本改定を求めた全国知事会の提言

―― 全国知事会は2018年に、日米地位協定の抜本的な見直しを日米両政府に提言しています。当時、会長を務めていたのが上田さんです。

上田 きっかけは、2016年4月に沖縄県のうるま市で発生した、元米海兵隊員による女性暴行殺人死体遺棄事件です。この事件を受けて、沖縄県の翁長雄志知事は地位協定抜本改定を強く訴えました。そして、「基地問題は一都道府県の問題ではない」という翁長知事の訴えを受けて、同年7月に福岡市で開かれた全国知事会議で、「沖縄県の米軍基地負担軽減について の研究会」の設置が決まったのです。当時、会長は山田啓二京都府知事が務めていましたが、研究会の座長を私が務めることになりました。そして、同年11月に第1回会合が開催されました。以来、2018年6月まで6回にわたって会合を開き、同年8月に「米軍基地負担に関する提言」をまとめたのです。研究会では、法政大学法学部教授の明田川融氏などの有識者からヒアリングを行いました。我々は、この提言で以下の4点を求めました。

1 米軍機による低空飛行訓練等については、国の責任で騒音測定器を増やすなど必要な実態調査を行うとともに、訓練ルートや訓練が行われる時期について速やかな事前情報提供を必ず行い、関係自治体や地域住民の不安を払拭した上で実施されるよう、十分な配慮を行うこと

2 日米地位協定を抜本的に見直し、航空法や環境法令などの国内法を原則として米軍にも適用させることや、事件・事故時の自治体職員の迅速かつ円滑な立入の保障などを明記すること

3　米軍人等による事件・事故に対し、具体的かつ実効的な防止策を提示し、継続的に取組みを進めること。また、飛行場周辺における航空機騒音規制措置については、周辺住民の実質的な負担軽減が図られるための運用を行うとともに、同措置の実施に伴う効果について検証を行うこと

4　施設ごとに必要性や使用状況等を点検した上で、基地の整理・縮小・返還を積極的に促進すること

私は全国知事会の会長として、2018年8月14日に、謝花喜一郎沖縄県副知事らとともに外務省、防衛省を訪問して提言を提出し、「アメリカと地位協定改定交渉を進めるために、私たちを出汁に使ってほしい。このような状況が続けば、地方自治体が持たないという理屈でアメリカ側を説得してほしい」と求めました。

山本朋広防衛副大臣への要請

さらにアメリカ大使館を訪れてジョセフ・M・ヤング首席公使に提言内容を説明、「仮に日米の立場が逆だったらどうでしょうか。アメリカの州知事たちが立ち上がってワシントンにデモをするのではないか」と言って、地位協定改定の必要性を訴えました。

日本の国益ではなく、米国の国益から出発する日本

――なぜ日米地位協定の改定は進まないのでしょうか。

上田　日本政府が絶好の機会を活かせなかったことがとても残念です。国際情勢が大きく変化した東西冷戦終結後、ドイツやイタリアはアメリカと交渉し、米軍に国内法が適用できるように協定を改定することに成功しました。ところが、日本政府は動こうとしませんでした。いまこそ日本政府は、地位協定改定と米軍基地縮小について、アメリカに対して具体的な要求をすべきです。事件が起こる度に、一つ一つ具体的な要求をし、相手の譲歩を少しずつ引き出していくべきです。

これを何度も繰り返すことによって、やがてアメリカも日本との交渉に疲れ、日本の要求を大幅に受け入れるようになるのではないでしょうか。

ただし、米軍基地の縮小は東アジアの軍事バランスを維持しながら進める必要があります。力の空白は戦争を誘発するからです。したがって、米軍基地の縮小は、自衛隊による自主防衛の議論と合わせて進める必要があると思います。

―― 地位協定改定を求める国民の声が高まっているにもかかわらず、政府が動けないのは、外務省が「地位協定改定は日米関係の悪化を招く」といった理屈をつけて、政府にストップをかけているからではないでしょうか。

上田 おそらく、そうなのでしょうね。「日米関係にひびを入れてはいけない」という考え方が強すぎるのです。日本は、日本の国益ではなく、アメリカの国益から出発してしまうのです。国家として主張すべきことは、きちんと主張すべきです。

カナダなどは、しょっちゅうアメリカと喧嘩をしていますよ。しかし、友好関係は維持しています。カナダはアメリカと国境を接し、政治的、経済的に深いつながりがありますが、外交においては自主外交を貫き、アメリカに対してNOと言えます。

ベトナム戦争中の1965年、当時カナダの首相だったピアソン氏は、北爆反対の演説をして、アメリカを怒らせました。以来、カナダの歴代政権はアメリカとの友好関係を維持しつつも、国益に沿って主張するという方針を貫いてきたのだと思います。日本も国益に基づいて、アメリカに言うべきことは言うべきです。このままでは、世界から「日本は何を要求しても、受け入れてしまう国だ」と思われてしまいますよ。

―― 地位協定改定のためには、国内世論を醸成する必要があると思います。ところが、マスメディアはあまりこの問題を取り上げようとしません。

上田 マスメディアが政権を批判できなくなっています。特に、2017年4月に消費税率を10%に引き上げる際、8%に据え置く「軽減税率」の対象品目に新聞が含まれてから、新聞は完全にキバを抜かれてしまいました。基地を抱えている都道府県が連携を強め、地位協定改定の世論を盛り上げていくしかありません。また、私は議員としては超党派でこの問題に取り組んでいきます。

―― 日本の対中外交についてはどのように考えていますか。

上田 現在、米中対立が激しくなっていますが、アメリカと中国は潜在的に仲がいいということを忘れてはいけません。実際、アメリカは1970年代に突然、中国に接近しました。ニクソン・ショックです。

日本は国益にしたがって独自の対中外交を展開すべきです。中国の指導者はともかく、多くの中国国民は日本に旅行に来て、日本に対する好感情を抱いています。日本を訪れた中国人は、「日本人は優しいし、親切だ」と感じ、それまで刷り込まれてきた日本人のイメージが意図的に作られているのではないかと考えるのではないでしょうか。

―― 上田さんは、新たな政治勢力の結集を目指しています。

上田 現在、野党が弱いため、自民党はぬるま湯に浸かっている状況です。自民党が「いつ政権交代が起きてもおかしくない」という危機感を抱かなければ、彼らも本気でやりませんよ。

そのためには、政権交代が可能な状況を早く作らなければなりません。私は思想的に幅の広い包括政党でなければ、政権交代はできないと思っています。そこで、知事や市長などの首長やその経験者をコアにした保守中道の政党をつくろうと考えたのです。引き続き、政権交代できるような政治勢力の結集に努力していきたいと考えています。

本音で日本の自立を語る

参議院議員　参政党副代表・事務局長　**神谷宗幣**

ブームで終わらせない国家観のある政党として

――参政党は先の参院選で神谷さんが当選され、一議席を獲得されました。今後、国会でどのように活動されていくのですか。

神谷　まだ登院したばかりなので手探りですが、先日の三日間の臨時国会の間に質問主意書を五本提出しました。質問するチャンスが限られているので、質問主意書をどんどん政府に出してその回答を皆さんに伝えていきます。この質問主意書も、私一人で考えるのではなく全国の支部から地方の課題も含めて聴き取りを行い、合理性のあるものを選んで国会に提出しようと考えています。こうしたこつこつした活動を通じて、他党の方から参政党はネットだけとか、一時のブームだけでやる政党ではなく、きちっとした軸とか国家観をもってやる政党なんだということを分かってもらい、なかなか院内では一人では出来ないことばかりですので、他の政党との会派の結成なども視野に入れながら参政党の理解者を院内に増やしていくことが私に求められていることだと考えています。

――これから党としての政策を固めていく段階に入ると思いますが、今後どのようなプロセスで党としての統一した政策を出されるのですか。

神谷　まず運営党員のなかで政策の勉強会を9月頃からやります。そのなかで政策に長けた運営党員を選抜し、その方々に政策のたたき台を作ってもらいます。そして、そこで出てきたものを各支部に投げて支部の党員の意見を聴いていきます。さらにそこで練り上げたものを最終的には党員投票で決めます。つまり、①運営党員がたたき台を作る②我々本部で揉んで投げ返す③支部の意見を反映させる④

党員で投票、といった四つくらいのステップを踏むかたちになります。ですから、一部の方々が言っているように、武田先生や所属議員の方があれを言ってるとかこれを言っているということは党の政策には反映されないので、それを党の見解と見なすのは全くの誤解でありプロパガンダに踊らされています。

―― 憲法改正について「創憲」を掲げておられますが、これは今の憲法を是としたうえで、それを改正するということで間違いないでしょうか。

神谷 そこのプロセスについてはこれから話し合っていかねばなりませんが、私個人としては今の憲法を是としていません。はっきり言って無効だと思っています。それは法的に言ってもそうです。ただ、それでどうやって変えていくのかといった時に、無効の手続きをして大日本帝国憲法に戻してそれを改正することになると本当に何も出来ない可能性があるので、そこは妥協する必要もあるのかなと思っています。変えていかねばならないのは事実ですし、根っからの護憲派などは話になりませんが、変えるにしても緊急事態条項のようなものを加えられると、今回のコロナの事でもいまだに日本だけがワーワー騒いでいて世界はとっくに終わっているのに、作り出されたパンデミックで日本人の人権や経済活動が奪われるような決定権が与えられかねないので、そういう所は絶対に変えさせてはならないと思います。もちろん、私も戦後レジームからの脱却は必要だと思っていますが、改正が改悪になるか改善になるかは中身によるので、ただ変えれば良いというものでもありません。

―― いまの憲法の最大の問題は、天皇の地位を「主権者たる国民の総意に基づく」と規定した第一条ではないでしょうか。しかし「創憲」になると、結局は天皇の地位を国民が規定することになるという意味での危険性を孕んでいるのではないでしょうか。

神谷 そうですね。私も先程言ったように、今の憲法は無効だし、大日本帝国憲法の改正から始めるべきだと思っていますが、それを言っているといまの人達は全然ついてこないので、そこは何らかの妥協が必要になってくると思います。余り正論を言い過ぎても結局合意が取れずに物事が前に進みません。何でも良いから変えろというのも間違っていますが、正論になるべく近づけつつ、民意も呑んで行かないと何も変わりません。これは私一人の意見で決められることではないので、党員との対話で意見を聴き、識者も招きながら憲法案を作らねばなりません。理想と現実の狭間で悩んでいるのが実情です。

いかにしてアメリカから自立するか

――参政党が反対するグローバリズムの根底には、我が国の従属的な対米関係があると思います。神谷さんは「自分の国は自分で守る」と仰っていますが、アメリカとの関係において、アメリカに守ってもらうのではなく自分の国を自分で守るにはどうしたら良いとお考えですか。

神谷　これは段階が必要だと思います。いきなりアメリカと縁を切って自分の国は自分で守るというのは非現実的だと思います。あくまでアメリカにもメリットになるかたちで日本が自立するんだという絵を描かねばならないと思います。我々もアメリカの政治には内政干渉は出来ませんが、共和党保守派の人たちのように、アメリカはアメリカでやる、日本は日本でやれと言うような人たちに政権を取ってもらわないといけません。民主党政権はグローバリストなので交渉の仕様がありませんし、交渉してもこっちが潰されるだけです。したがって、そういうことを一緒に話し合ってやってくれるような人たちを政治の中枢に押し上げていくようなロビーイングが必要だと思います。それを日本単独でアメリカの状況を無視してやってもさらに状況は悪くなると思います。なんだかんだ言っても日本がアメリカの傘の下にいるのは事実なので、悔しいけれどもそれは認めて、そのなかでどういうステップを踏んで行けば良いのか戦略的に考え長期的スパンでやらないと、いまのバイデン政権のもとでそんなことを声高に主張しても潰されるだけになってしまいます。

ですから、日本には日本で自分でやってもらって、何だったらアジアの防衛も過去のように日本が主体的にやってもらったら良いだろうというふうに、従属的なパートナーシップではなく対等なパートナーシップまでどうやって持っていくかという絵を描かねばならないと思っています。私は、安倍晋三氏はそういう絵を描かれていた方だと思ったので、彼が総理になるのを応援したし、自分も彼のお声がけで自民党に入りました。しかし安倍氏ですら、それは成し遂げられなかった。ですから、我々がそれを目指しても一朝一夕で出来るとは思いませんが、だからといって諦めるのではなく、少なくとも党内でそのような思いを共有できているという状況を作っていかねばなりません。

―― 先日、弊誌として外務省前で日米地位協定（日米安保条約の下で在日米軍に様々な特権を認めている日米間の取り決め）の改定を求める街宣活動をやりました。前号（13号）での政党インタビューでは全ての政党が地位協定改定に賛成しました。参政党はこれから地位協定の問題に取り組まれますか。

神谷　取り組みたいですね。いま党の政策スタッフも揃えているので、もう一度、地位協定がどういったもので、どこが問題で、どこを変えていくべきなのかということを党員の中で話し合える状況にしなければならないと思っています。そういったことについて一緒に勉強会などもやれたら良いですね。この問題についてはタブーにせずに、きちっと向き合っていかねばならないと思います。

―― 神谷さんは、目下の政治情勢が、「グローバリズム勢力 vs 国民国家」の構図に変わってきていると仰っています。全く同感です。しかしグローバリズム勢力によって国民国家勢力が分断され、それが対米従属から脱却できない理由にもなっていると思いますが、リベラルを包含した上でのナショナリスト勢力の連帯について視野に入れておられますか。

神谷　それは視野に入れざるをえませんし、参政党には元々リベラルな政党におられた方にも参加して頂いています。むしろ、そういった方々にも参加してもらうために参政党を作りました。今度の沖縄知事選についても、保守の側からは自民党と連携してオール沖縄と戦えという意見もありますが、リベラルの方は自民党自体を信用していないので我々は独自路線で行きます。そういう意味では、グローバリズムと戦うためには「保守対革新」という枠組みを取っ払わねばなりません。私は「保守（右）対革新（左）」ではなく、「前か後ろ」かだと思っています。後ろというのは何もやらないことです。グローバリズムという課題が見えているのですから、前に進むのみです。小さな政策の違いなどで、我々のことを叩いている人たちがいますが、問題の本質は日本がグローバリズムに飲み込まれ、主権を失うことがないようにすることです。重箱の隅を突くようなことをして、自分たちが目立とうとしているように見えてしまいます。

本質を見極めて、国民の力を結集しないと、日本は守れないと考えています。

（聞き手・折本龍則）

習近平後の日中関係

現代ビジネス編集次長　近藤大介

民主化に向かっていた胡錦濤政権

近藤さんは2006年に『日本よ中国と同盟せよ！』（光文社）を著し、「日中が二人三脚で『アジアの世紀』『東洋文明の時代』を切り開いていく」と書いていました。

近藤　この本を書いたのは、中国が一歩一歩民主化に向かおうとしていた胡錦濤政権の時代です。ところが、2012年に習近平が総書記に就き、胡錦濤政権時代とは真逆の方向に走りました。まるで別の国になったような感じです。その結果、私は「転向」しました。現在の状況では、中国と手を結ぶことはできません。

胡錦濤政権時代には明るい展望がありました。例えば、2004年10月には中国共産党中央委員会編纂局マルクス主義研究所の何増科所長が中心になって、『中国政治体制改革研究』を編纂しています。これは、胡錦濤政権指導部が描いていた民主化への公式ロードマップです。

同書には、「今後中国では法治化、地方分権、市民の政治参加などを漸次、推進する」と書かれていました。また、「2007年秋以降、経済発展優先、治安維持優先、法治化優先、地方自治体の民主化優先、共産党内の民主化優先という5つの優先原則を堅持しながら、政治の民主化を達成していく」と述べていました。そして、最終的には、完全に欧米式の民主主義国家になるのではなく、中華の伝統と秩序に則った「混合民主政体」が中国にふさわしいと結論づけていたのです。
実際、政治の民主化は着々と始動していました。

李克強

胡錦濤

鄧小平

2004年10月には、選挙法及び地方組織法の改正案が通過し、地方自治体にあたる「県」と「郷」で議員の直接選挙を実施しました。実際、広東省の烏坎《うかん》村では2012年3月、汚職まみれだった共産党委員会に代わって、約6800人の村民が投票によって村民委員会のメンバーを選出することが許可されました。ところが、習近平政権になって政策が劇的に転換されました。

中国共産党は、1992年以来、政治は社会主義で、経済は市場経済という「社会主義市場経済」を目指してきました。鄧小平やその薫陶を受けた胡錦濤、李克強、胡春華らが目指してきたのは、徐々に社会主義色を薄めていき、市場経済型の国を作ることでした。ただ、急激に変革するのではなく、少しずつ軸足を置き替えながら、民主的な国にしていこうと考えていたのです。

遡れば、孫文もまた、「軍政（軍事政権）期3年、訓政（党政）期3年、憲政（憲法制定）期3年」を経て、民主化に向かうという方針を立てていました。それを受け継いだのが蒋介石です。毛沢東ですら、当初は民主化を主張していたのです。毛沢東は国共内戦を行ったとき、「国民党には自由と民主がない」と主張して決起したわけです。

ところが、習近平政権になってから、民営企業を主体とする市場経済を弱め、社会主義を強めるという真逆の方向に走り始めたのです。習近平政権が三期目に入れば、プーチンのロシアのように、国内に敵がいなくなり、１９５０年代の毛沢東のように習近平に対する個人崇拝が進むと思います。

日清戦争時とは立場が逆転した現在の状況

――習近平政権が続く限り日中関係の改善は望めないということですか。

近藤　日本は、習近平政権が尖閣諸島を取りにくることを警戒する必要があります。習近平は「中華民族の偉大なる復興という夢の実現」を目指しています。これは、アヘン戦争、日清戦争の前の状態に戻すということです。彼は「中国はアヘン戦争で香港を取られ、日清戦争で台湾を取られ、そこから屈辱の時代が始まった」と認識しています。したがって、習近平は台湾を取り戻し、台湾に含まれると主張する尖閣も取り戻そうとするでしょう。

現在の状況は、日清戦争前の状況とそっくりなのです。ただし、攻守が逆転しています。日清戦争前、日本は経済力、軍事力を拡大してアジアの新興国として台頭する一方、清国は老大国として沈みゆく存在でした。清は日本の脅威を非常に強く感じていましたが、直接日本と対決したくないので、欧米に助けを求めていました。当時、清は西太后の時代でしたが、宮廷も国民も平和ボケし、「専守防衛」ばかり唱えていました。

まさに現在の状況はこれと真逆で、中国は経済的にも軍事的にも強大化し、日本の国力は低下しつつあります。こうした中で、中国の脅威に怯える日本はアメリカに頼り、イギリスにも応援を頼む状況で、やはり「専守防衛」ばかり唱えています。

――シーレーンを日中が共同管理することによって、両国関係を安定化させることはできないのでしょうか。

近藤　習近平政権では難しいでしょう。習近平には「日中対等」「日中共同」という発想はありません。これに対して、胡錦濤にはそうした発想がありました。実際、２００８年には東シナ海のガス田を日中で共同開発することで合意しています。

――９月29日に日中国交正常化50周年を迎えます。

近藤　その２日前の９月27日に行われる安倍元首相の

国葬には、王岐山副主席が出席するとされていますが、万が一、安倍氏と個人的にも親しかった蔡英文総統が国葬に出席することになれば、王岐山は出席をとりやめるでしょう。

8月24日には中韓国交正常化30周年を迎えますが、中国は尹錫悦大統領の訪中を、韓国は習近平主席の訪韓を求めており、決着がついていません。韓国は「間合い」に非常に敏感な国ですから、この中韓国交正常化30周年がどのような結果に終わるか注目すべきだと思います。その結果が、日中国交正常化50周年の試金石にもなるでしょう。

私は40周年を迎えた２０１２年に北京に滞在していましたが、同年9月11日の尖閣諸島国有化によって、中国の対日感情は一気に悪化しました。当時、江沢民派と胡錦濤派の権力闘争が激化していましたが、江沢民派は「胡錦濤政権の親日的政策が尖閣国有化を招いた」と主張し、胡錦濤派は一気に劣勢に立たされたのです。その結果、習近平がトップに就いたのです。逆に言えば、尖閣国有化がなければ、習近平政権は生まれなかったかもしれません。

中国企業が日本に進出する時代

――日本人の対中感情は非常に悪化しています。

近藤　それはやむを得ないでしょうね。ただ、日中の経済関係は拡大しています。例えば、中国の自動車メーカーＢＹＤは、来年から日本で電気自動車の販売を開始し、２０２５年末までに店舗網を１００カ所以上に拡大し、２万台を販売すると発表しています。日本に進出する中国企業は今後も増えるでしょう。これまでの50年間は、日本企業が一方的に中国に進出する時代でしたが、これからは中国企業も日本に進出する時代になると思います。中国の方が日本より進んでいる分野は増えているからです。

中国企業は日本市場への進出に意欲を示しており、日本企業の買収にも積極的です。安全保障上の問題さえなければ、こうした買収を拒む理由は少ないと思います。衰退が著しい日本の地方の活性化など、日本側にもメリットがあるからです。

日本でビジネスをしようとしている中国人たちは別に反日ではありませんし、日中のビジネス関係の拡大は相互にメリットがあります。ただし、半導体をはじめ、経済安全保障にかかわる分野でのビジネスは制限しなければならないということです。

日本で起業する中国人も今後増えてくるでしょう。現在、私は明治大学で教えていますが、最近中国人留学生のレベルがぐんと上がっているのです。試験をやっても、成績上位に中国人がズラリ並びます。中国人の留学先としては、①アメリカ、②ヨーロッパ、③日本、オーストラリアの順で人気が高かったのですが、米中関係の悪化によって、アメリカに留学しにくくなり、本来ならアメリカに留学する能力のある最優秀の人材が日本に留学するようになっているからです。

一方、中国では中間所得者層がどんどん拡大し、すでに約3億人に達しています。いずれ5億人程度になるでしょう。やがて、その大半を日本大好き人間の一人っ子世代が占める時代が来ます。日本にとってはビジネスチャンスです。尖閣諸島で紛争が起きるといった深刻な事態になれば話は別ですが、日本企業は今後も中国とのビジネスを維持するでしょう。

「中国人は日本の何に魅かれているのか」

―― 近藤さんが書いた『中国人は日本の何に魅かれているのか―日中共存の未来図』（秀和システム）を読むと、いかに中国人が日本好きかがわかります。

近藤　2019年には、959万4300人の中国人が、日本に観光に来ています。彼らの大半は親日派になって帰るんですよ。中国人は日本を否定的にとらえる教育を受けているので、彼らは日本に来ると、現実とのギャップに驚くのです。

私は、過去2500年間にわたって、中国人を日本に惹きつけてきたのは「3つの安」だと考えています。「安心・安全・安慰（癒やし・慰め）」です。日本製品は安心して使え、日本の食品は安全で、日本へ行くと心の癒やし・慰めになるということです。

実は、「日本を目指して押し寄せる中国人」という現象は、最近始まったものではありません。古代から継続して起こっています。歴史上、中国における最初の「日本移民ブーム」は、呉（紀元前585年頃～紀元前473年）が、隣国の越と戦争を起こして滅びた頃です。中国大陸での戦乱から逃れるため、船を用意できる王侯貴族やエリート層が船団を繰って、日本に避難したのです。

2回目の「日本移住ブーム」は、戦国時代の7国を秦の始皇帝が統一していく過程で、やはり多くの王侯貴族やエリート層が日本に落ち延びてきました。勝利を収めた秦国でさえ、始皇帝の命を受けた徐福が「不老長寿の薬を求めて行く」と称して、3000人の若者や子供たちを引き連れて、「日本と思しき土地」（蓬莱）に向かったとされています。おそらく、こうした中国や朝鮮半島からの移民組が中心になって、日本の弥生文化を形成したのだと思います。大阪府のホームページには、「5世紀ごろには、朝鮮半島などからもたらされた大陸の文化が広まり、大阪が日本の政治・文化の中心となりました」と書いてあります。

平安時代初期に、古代の氏族の系譜を集大成した『新撰姓氏録』が編纂されています。それによると、畿内の有力な1182の氏族のうち、実に約3分の1が中国大陸や朝鮮半島からの渡来系の氏族なのです。近現代においても、辛亥革命が起きた時期、戦乱を逃れて日本にやって来た中国人たちが中心になって、横浜の中華街が形成されました。革命の指導者となった孫文、蒋介石、周恩来などは、いずれも日本に訪れていた人たちです。

一部の保守派は、安全保障面で中国を警戒するあまり、中国人を排斥すべきと主張していますが、私はそうした議論には賛同できません。

中国人の若者に影響を与える日本の小説

――日本食も中国人に大人気です。

近藤　私は2009年から2012年まで北京に駐在していましたが、街にセブンイレブンができ、日本文化の発信地の一つとなっていきました。おでんが人気になったことにはそれほど驚きませんでしたが、おにぎりが中国で定着したのは驚きでした。というのは、中華の貴族文化の伝統では、ご飯はおかずが足りない時に仕方なく腹に詰めるものという意識があり、ご飯を丸めた食べ物が商品として売っていること自体が中国人には驚きなのです。しかも、中国人は、冷菜以外は基本的に火を通した食品しか食べないので、冷えた状態でご飯の塊が売られているのは二重のショックなのです。

ところが、北京のセブンイレブンは、「おにぎりは電子レンジでチンして食べる食品です」と宣伝したのです。その結果、まず一人っ子世代に、手軽に食べられる食品として定着し、やがておにぎり文化が中国に根付いたのです。いまでは、ピリ辛の羊肉のおにぎりなど、中国独自のおにぎりも販売されています。

日本酒は、ビールとワインに次いで、中国で3番目のブームとなった外国の酒です。2012年の尖閣国有化で大規模な反日デモが起こりましたが、デモが沈静化すると本格的な日本酒ブームが到来しました。一時は獺祭が大ブームになり、一升瓶を5万円くらいで出す店もあったほどです。私は、日本を訪れた北京の富裕層を案内したことがありましたが、店に入ると「ダサイ」「ダサイ」と言うのです。最初は「何を言っているのだろう?」と思いましたが、すぐに「獺祭」を飲みたいと言っているのがわかりました。中国人には「っ」が発音しにくいので、「獺祭」が「ダサイ」になってしまうんですね。また、久保田の万寿もブームになりました。いまでは北京のセブンイレブンでも日本酒が置かれています。

―― 中国では日本の小説も人気です。

近藤　東野圭吾は断トツの人気です。いまの中国の若い世代には、東野圭吾に影響を受けたという人が非常に多いのです。中国共産党政権は、政権批判、エロ、暴力の類いの出版を禁じてきました。「暴力」の中には、人を殺めることも含まれているので、ミステリーの定番「○○殺人事件」といったタイトルの本は出版できなかったのです。

海外のミステリー小説の翻訳が許可されるようになったのは、2001年に中国が世界貿易機関（WTO）に加盟してからです。こうして、東野圭吾、宮部みゆき、島田荘司ら日本を代表するミステリー作家の作品が中国でベストセラーになっていったのです。ミステリー小説、アニメ、オタク文化など、コンビニで買い物をする一人っ子世代が求めているものは、すべて日本に

コスプレを楽しむ中国の若者たち

あるのです。特に彼らは日本の文化とフィーリングが合うのでしょう。

── 政治的に日中関係が悪化しても、中国人の日本ブームはそれに影響されないということでしょうか。

近藤 政治と文化は別です。これは、日韓関係がどんなに悪化しても、K─POPや韓流ドラマが人気を維持しているのと同じことです。

習近平が退けば中国は大きく変わる

── 5年後、10年後には再び中国の路線は転換するのでしょうか。

近藤 習近平が引退すれば、中国は大きく変わるでしょう。中国はこれまでも振り子のように左右に振れてきました。毛沢東がいなくなった後、中国は鄧小平の改革開放路線に転換し、再びいま習近平によって振り子が逆方向にふれています。やがて、その揺り戻しが起こるでしょう。

いまや中国共産党には、毛沢東的な思想を持った人は少ないので、習近平が退けば胡錦濤時代のような市場経済路線に戻るでしょう。中国の若者たちも、それを求めています。特に一人っ子世代の人たちは、贅沢で、わがままで、「21世紀のIT時代に生きているのに、なぜ19世紀のマルクスを勉強する必要があるのか」と言って、共産党の教育に前向きではありません。

── 習近平主席が退けば、米中関係、日中関係も変わります。

近藤 仮に李克強のような考え方を持った指導者が中国のトップになれば、米中関係も日中関係も非常に良くなると思います。習近平以降も中国は大国としての影響力を拡大し続けようとするでしょうが、現在のような強権的なやり方は控えるようになるでしょう。

また、習近平政権は少数民族に対する抑圧的な政策を強めていますが、胡錦濤政権は「和諧社会（調和のとれた社会）」のスローガンのもと、「国内の56民族の調和と共存」を掲げ、少数民族に対して比較的融和的な政策をとっていました。胡錦濤の流れをくむ胡春華、汪洋といった人たちは、習近平とは全く異なる考え方を持っており、やがて中国の少数民族政策も転換するでしょう。習近平後の中国の変化をも見据え、日中関係を考える必要があると思います。

アジア主義と日中連携論
宮崎滔天・北一輝・石原莞爾

静岡県立大学名誉教授
嵯峨　隆

はじめに

アジア主義運動ないし思想は、日中提携を中心とするものが多い。その場合、中国の変革運動にどう対処するのかという問題がある。清末・民初の時期においては、大まかに2つ形態があった。すなわち、1つは中国の政治体制を維持させながら政府間の提携によって西洋列強に対抗しようとするものである。今1つは、中国の体制を変えることによって、それを基にアジアを変革し、新しい国際秩序を作ろうとするものである。

前者の事例としては、近衛篤麿（1863～1904）の主張が挙げられるだろう。彼は黄色人種と白人種の対決が不可避であることを論じている。そして、1898（明治31）年11月には東亜同文会を結成して自から会長となった。同会は綱領として「支那保全」を掲げており、明らかに清朝体制を維持させたままの連携を求めていたことが理解される。

他方、中国の変革を前提とした事例としては、辛亥革命時期には宮崎滔天や北一輝が挙げられるだろう。以下においては、彼らの思想的特徴を見ていくことにする。そして、時代を下って日中戦争時期のアジア主義の事例として、石原莞爾の思想と運動を見ていくことにしたい。彼らはいずれも中国のナショナリズムに理解を示した上で、日中の連携を求めた点では共通していると言えるだろう。

1　宮崎滔天の「支那革命主義」

宮崎滔天（1871～1922）は、生涯にわたって孫文を支援した初期アジア主義者として知られる。彼の主張は「支那革命主義」というものである。それは、兄彌蔵の説を受け継いだもので、帝国主義列強に対抗するために、まず中国で革命を実現させ、そこを根拠地としてアジアひいては世界の被抑圧民衆の自由を回復しようというものである。滔天の初期の主張には人種闘争論の傾向も見られるが、それよりも人権や自由という普遍的価値の強調が彼の革命論を際立たせていたと言える。そして、それは儒教的知識で読み替えられていた点でも特徴的だった。

滔天が中国の革命派と接触して、その情報を得るのは1897（明治30）年5月のことである。そして、同年9月に来日中の孫文と出会い、その革命論を聞くに及んで、彼の熱烈な支持者となる。滔天は自からの「支那革命主義」の実践者を見出したのである。彼は翌年結成された東亜同文会の会員となる。しかし、革命派を支持していたため、会長の近衛篤麿からはかなり疎まれた存在であった。

1900年10月、孫文が最初の武装蜂起の計画を立てて以来、滔天は一貫して彼の運動を支援し続ける。革命運動の失敗の中で、彼が浪曲師として革命宣伝に務めたことは有名な話である。1905（明治38）年8月、革命派が大同団結して中国同盟会ができると、滔天は日本人であるにもかかわらず、その会員の一人に列せられた。彼は革命派の人々から高い信頼を得ていたことが理解される。

思想的に見た場合、滔天のアジア主義は状況の中で変化し続けるものであった。彼が初期に唱えていた「支那革命主義」、すなわち中国革命を優先的に実現させ、その上で他のアジア諸国の解放を求めるという主張は、後には自からそれを誤りだとするようになる。1910年代後半になると、彼はアジアという枠を超えて、国家や人種に偏せず、人類の完全なる自由を求める主張を唱えており、一時的にはアジア主義からの離脱も確認される。しかし、彼は再びアジア主義へ回帰し、朝鮮と台湾の解放を目指して日中による「亜細亜聯盟」の結成が必要だとも唱えている。

かくて、滔天のアジア主義思想は、状況の中で変化し続けるものであった。彼が最終的に辿り着いた地点は、個人の自由を強調する社会主義であった。しかし、その理想社会は西洋に起源を持つものではなく、三代と言われる中国古代の農村共同体に存在したものと考えられた。滔天のアジア主義は、革命的ナショナリズムへの支持から始まり、最終的にナショナリズムの超越を求めながらも、理想社会はアジアの農村共同体の中へと求められたのである。

2　北一輝と中国革命

北一輝（1883〜1937）は国家主義者で、1936（昭和11）年の二・二六事件への関与を理由に逮捕・処刑された人物として著名である。他方、彼は早くから中国問題に関心を寄せていた。ここでは、初期における彼のアジア観と社会主義論を概観していくことにする。

北の著作を読むと、彼は早くから人種的観点から西洋列強との対決を意識していたことが分かる。取り分け、彼が対決すべき相手と見ていたのはロシアである。1903（明治36）年つまり日露戦争の前年には、開戦を強く主張する論説を発表している。開戦の理由として彼が挙げるのは、日本の領土拡張が是非とも必要だということであり、更にはロシアとの戦いが今後のアジアの諸民族の運命にも大きく関わるということであった。北の考えでは、ロシアとの戦いはアジア各国の個別問題を超えて、黄白人種闘争の最大の関門になるものと考えられていた。

1906（明治39）年5月、北は『国体論及び純正社会主義』を出版した。この著作は直接にアジア主義を主張することを目的としたものではないが、彼の社会主義観の中にはそれに通じるものがあると見られる。すなわち、社会主義の実現は最終的に世界連邦の実現につながるというもので、その過程では東アジアの連合体形成が想定されていたと考えられるのである。この段階では、人種論は一時的に後退したと見ることもできるだろう。

同年9月、宮崎滔天らが中国革命支援のために革命評論社を結成すると、北一輝もその一員となった。更には、滔天の推薦によって彼もまた中国同盟会に加入している。そして、同盟会の集会では、世界革命に進むために先ず中国革命の勝利が必要だと演説している。しかし、彼は滔天とは違って、孫文には極めて批判的だった。孫文の主張が「アメリカかぶれ」に見えたからである。彼は孫文のライバルである宋教仁を支持して、積極的に孫文排斥運動に関わっている。宋教仁こそ真の国家主義者だと見なされたのである。

北一輝の中国革命論で最も有名なものは、1915(大正4)年11月から書き始められた『支那革命外史』である。よく知られているように、同書は翌年12月までに書かれた前半部と、その後に書かれた後半部とでは内容に大きな断絶がある。

北は同書で中華民国が採用すべき政治体制を「東洋的共和政」という言葉で表わしているが、それは前半部においては責任内閣制を示すものとされていた。ところが、後半部になると、それは袁世凱と共に孫文をも排除した革命的独裁体制(彼は君主制と共和制が統一したものとしている)を意味するものとなる。それは、対外的には軍国主義を標榜し、日本と連携してイギリス、ロシアと戦う必要があるとされている。

そして、ロシアとの戦いの勝利の先にはアジアの解放が見据えられていた。しかし、以前の主張とは違って、解放されたアジアは世界連邦を構成するものではなく、西洋列強と対決するものとして描かれていた。このような変化の原因としては、『支那革命外史』執筆の中断期における日蓮宗との出会いが指摘されている。彼のアジア主義は異教徒を折伏する戦闘的な思想となっていた。同じ時代状況であっても、前述した宮崎滔天の事例とは好対照であることが理解されるであろう。

3 石原莞爾の「東亜聯盟論」

その後、1920年代に入ってからの日本のアジア主義者の動きとしては、頭山満が孫文や蔣介石と接触した事実が知られている。30年代に入ると、満洲事変を契機としてアジア・モンロー主義の主張が再燃する(これは第一次大戦時期に盛んに唱えられていた)。そして、松井石根らによる大亜細亜協会の結成(1933年3月)、更には東亜協同体の議論が盛んになされるようになった。そのような中で、石原莞爾(1889〜1949)が独特なアジア連帯構想を主張する。以下、その概略を示しておこう。

石原莞爾は陸軍軍人で、満洲事変に直接関わったことで知られる。彼は最初、満洲領有論だったが次第に独立論に傾いていった。

1933（昭和8）年に書かれた論説において、石原は近い将来に生じる人類最後の戦争の準備として、日本は東亜聯盟を完成させなければならないと説いた。そして、38（昭和13）年11月に第二次近衛声明が発せられると、彼はこれに反応して本格的な運動の構築に取り掛かることになる。12月には宮崎正義によって『東亜聯盟論』という著作が発表されるが、おそらく石原の指示によるものと推測される。その内容も石原の意図を反映したものと見て良い。そして、39年10月には木村武雄を中心として東亜聯盟協会が結成される。石原は現役の軍人だったため、表面に出ることはなかった。

東亜聯盟協会は「文化団体」と自己規定し、究極の目標は万邦協和にあるとして、東亜諸民族の協和による新秩序建設を当面の目的とするとしている。そして、将来に形成される東亜聯盟は、①国防の共同、②経済の一体化、③政治の独立という3項目が前提条件とされていたが、ここでは詳細の説明は省く。

東亜聯盟の指導原理として提示されたのは王道思想である。王道思想は満洲国を正当化するために橘樸が提唱したもので、石原は始め十分には納得していなかったが、その利用価値を認めたものと見られる。ここで特徴的なことは、石原を始め東亜聯盟では王道が中国固有のものとしてではなく、皇道と同質のものと見なされたことである。しかし、それが帝国主義と相容れないものと認識されたことは重要である。すなわち、皇道は王道の側に引き付けられることによって、アジアに対する侵略行為を正当化することは、天皇に対する不忠を意味するものと考えられた。このような観点から、過去のアジアへの侵略政策や差別には反省の念が示され、またアジアに対する優越意識も否定された。

それでは、東亜聯盟は誰によって指導されるべきなのか。石原を含めて、会員たちはこの問題に慎重であった。日本はアジア諸国に対して謙虚であるべきだったからである。しかし、最終的には王道が即ち皇道であることから、天皇を聯盟の盟主に仰ぐことが決定された。

東亜聯盟運動は、石原の世界最終戦論のイデオロギーに基づいていた。石原の認識によれば、第一次大戦以後の世界は国家連合の時代であり、その到来は歴史的運命である。それはやがて、最終戦に向けていくつかの連合にまとめられていくが、差しあたりはソ連・南北アメリカ・ヨーロッパ・東アジアの4つになると想定され、最後には東アジアとアメリカによる最終戦がなされると予測されていた。こうした考えの基礎には、北一輝と同様に日蓮宗があったことはよく知らえている。彼は田中智学の国柱会のメンバーだった。

東亜聯盟は以上のような最終戦での勝利を収めるべく、東亜を一体化させるものとして位置づけられていた。日本としては、これに呼応すべく国内の諸改革を実行し、東アジア全域を単位とする内外一致した革新政策を行い、最終戦に勝利する態勢を作り上げることが必要だとされた。このように、東亜聯盟は石原の想定する世界最終戦の到来に向けて、アジアの統一と国内の改革を結びつける役割を持っていたのである。しかし、石原らの運動は、1941年1月の東條内閣の閣議決定によって運動が規制されてしまう。

石原が立ち上げた東亜聯盟運動は、中国国内に同調者を得たという点で、これまでのアジア主義運動とは異なっている。すなわち、先ず日本占領下にあった北京で1940（昭和15）年5月に中国東亜聯盟協会が作られ、9月には汪兆銘政権下の広州では中華東亜聯盟協会が組織され、最終的に南京で汪兆銘を会長とする東亜聯盟中国総会が作られた。彼らは日本の東亜聯盟の綱領をほとんど踏襲するが、石原の世界最終戦論に言及することはなかった。これは、東亜聯盟が「政治の独立」を原則とする以上、中国の側としては触れたくない部分であったと推察される。また、天皇盟主論についても同様である。

中国での東亜聯盟運動は日本の敗戦、汪兆銘政権の崩壊によって終わりを告げる。他方、石原は敗戦を迎えても東亜聯盟運動の持続を訴えていた。しかし、最晩年に書かれた論説では、「最終戦争が東亜と欧米との両国家群間に行われるであろうと予想した見解は甚だしい自惚れであり、事実上明らかに誤りであったことを認める」と述べている。1946（昭和21）年1月、東亜聯盟はGHQによって解散を命じられ、歴史から退場した。

王道アジア主義の夢
木村武雄の日中国交正常化

本誌編集長　坪内隆彦

田中派旗揚げの瞬間

田中角栄政権を誕生させ、日中国交正常化へと田中を動かした男がいる。「元帥」と呼ばれた木村武雄である。

長期政権を率いた佐藤栄作が退陣表明する直前の昭和四十七（一九七二）年五月九日、木村の肝いりで、ある会合が開かれた。舞台となったのは、東京・柳橋の料亭「いな垣」。当時の佐藤派は百二名。会合には、二階堂進、小渕恵三、小沢一郎、羽田孜、梶山静六、石井一ら総勢八十一名が集結した。これによって、佐藤派の大勢を制することになり、事実上、田中派が誕生したのだ。木村武雄の次男・木村莞爾氏は筆者に次のように語ってくれた。

〈なぜ父が田中角栄さんを総理に擁立したかと言うと、日中国交回復をさせるためですよ。父は佐藤栄作さんにそれをやらせたかった。しかし、佐藤は「笛吹けど踊らず」でした。そこで、父は田中さんに「君が総理になってくれ」と言って田中さんを擁立しようとしたのです。父と田中さんには約束があったのだと思います。「木村は田中総理誕生のために全力を尽くす。田中総理が誕生した暁には日中国交回復を実現する」という約束です〉

肇国の理想と王道アジア主義

明治三十五（一九〇二）年に山形県米沢市で生まれた木村は、明治大学を卒業後、米沢市議、山形県議を経て昭和十一（一九三六）年の衆議院議員総選挙で初当選した。自らの師と仰ぐ石原莞爾の王道アジア主義に共鳴し、昭和十四年に東亜連盟協会を結成する。石原には、西郷南州と同じように王道アジア主義を掲げた南部次郎の思想が流れている。木村の言葉がそれを裏付ける。

〈西郷の征韓論は、大陸の武力制覇ではなかった。「今、大陸を日本が擁護しなければ、大陸はイギリス、ロシアの蹂躙に任せねばならない」と憂慮した征韓論であることを、石原は、明治維新の際における酒井藩の処遇で納得した。世人は西郷、副島、南部らの対支観を保守的と呼び、伊藤、山県、大隈らの対支観を進歩的と称するが、覇道の精神は進歩派にあって、王道はむしろ保守派にあることを発見した石原は、南部次郎を訪ねることに最大の楽しみを見出した〉

木村武雄

この王道アジア主義は、木村の同郷の先輩でもあり、明治十三（一八八〇）年に曽根俊虎とともに「興亜会」を設立した宮島誠一郎や、明治二十三（一八九〇）年に、やがて東亜同文会に発展する日清貿易研究所を設立した荒尾精らに共有されていた。王道アジア主義を固めた石原は、「我らは東方道義をもって東亜大同の根抵とせねばならぬ。……王道は東亜諸民族数千年来の共同の憧憬であった。我らは、大御心を奉じ、大御心を信仰して東亜の大同を完成し、西洋覇道主義に対抗してこれを屈伏、八紘一宇を実現せねばならない」と主張している（『戦争史大観』）。王道アジア主義の根底にあったのは肇国の理想にほかならない。例えば木村は、大東亜戦争開戦直前に次のように説いている。

「日本に力余つて英米ソ連と戦ひ、これに勝ち得るとしても、その余力はむしろ中国を納得せしむるに注ぐべきであつて、外敵と更に事を構へ勢を以て中国を屈服せしめんとするが如きは今次聖戦の真義にあらず、況《いわ》んや肇国の大精神にそふ所以ではない」

木村はこのように述べた上で、神武天皇即位建国の大詔を引く。

「上は乾霊《あまつかみ》の国を授けたまひし徳《うつくしび》に答へ、下は皇孫《すめみま》の正しきを養ひたまひし心を弘めむ。然る後に、六合《くにのうち》を兼ねて以て都を開き、八紘《あめのした》を掩《おほ》ひて宇《いえ》と為さむこと、亦可からずや」

そして、「先づ徳と正を以て納得に得心に心服に全力を尽すのが日本の使命である。即ち民族心の収攬に全力を尽すべきであつてかくてこそ國體の精華が発揚されるのである」と書いている。

民族協和の旗を高々と掲げる東亜連盟は、東条政権の覇道主義、権益主義を批判していた。その結果、木村の身辺も危なくなってきた。そこで木村は、昭和十七（一九四二）年九月に中国に渡り、上海の滬西地豊路のチャイナタウンの一角に拠点を置いたのだ。やがて、ここには内地から木村の同志や部下が集結し、「木村公館」と呼ばれるようになる。

上海では、紡績工場の機械や製品が日本軍に掠奪されていた。また、日本兵によって浙江財閥要人が拉致されていた。木村は、支那総軍の軍務課長を務めていた永井八津次大佐の協力を得て、掠奪品を返還し、獄中の中国人釈放に奔走した。その結果、掠奪品の六割が返還され、中国第二の紡績会社「大生紡」の社長陳琛らの財界人が銃殺寸前で釈放された。こうして、木村は中国人の信頼を勝ち取ったのである。木村は、昭和二十年八月の終戦間際まで、ほとんど上海に身を置き、日中両国、日本軍と中国民衆の間に立って、その関係改善、経済協力に全力を尽した。

周恩来「東亜連盟の同志はどうしていますか」

戦後、木村は公職追放となったが、昭和二十七（一九五二）年四月に解除となり、同年十月の総選挙で衆議院議員に返り咲いた。石原の精神を戦後政治において体現するときが訪れたのだ。彼は、昭和三十五（一九六〇）年から佐藤栄作を領袖とする周山会の事務局長を務めつつ、日中国交正常化の機会をうかがっていたのである。木村は昭和三十九（一九六四）年九月に訪中し、中国建国十五周年記念式典に参加、陳毅外交部長と会談している。

当時、自民党は「親台派」と「親中派」に割れていた。佐藤政権発足直後の昭和四十（一九六五）年二月には、自民党外交調査会に新たに顧問制度が設けられ、「親台派」とされる賀屋興宣・石井光次郎と「親中派」とされる松村謙三・藤山愛一郎が顧問に就いている。

佐藤政権時代にも、松村を中心として田川誠一・古井喜実・藤山愛一郎・川崎秀二らが度々訪中し、日中貿易の発展を支えていた。

木村は国交正常化の数年前に再び中国を訪問し、周恩来首相と会談している。平澤光人によると、木村と対面した周恩来首相は、開口一番「今、日本の東亜連盟の同志はどうしていますか」と尋ねたという（『永久平和への道』）。

木村が昭和四十五年に佐藤四選を支持したのは、佐藤に日中国交正常化を期待したからである。しかし、佐藤は動こうとはしなかった。こうした中で、昭和四十六（一九七一）年七月十五日、ニクソン大統領は中国を訪問すると発表した。そのちょうど一カ月後の八月十五日、木村は米沢の御成山公園に「石原莞爾分骨記念碑」を建立した。昭和二十四（一九四九）年八月十五日に石原が亡くなると、木村は石原の遺骨を分骨し、米沢に持ち帰って埋葬していたのである。

木村が撰した碑文には「先生はアジアを直視して、アジアの独立と繁栄が、隣国を敵視反目する中国と日本の調整に始まるとした。……多年抗争する両国を東亜連盟で結んで欧米勢力と対決して人類歴史の前史を最終戦争の勝利で締めくくり、かくて世界絶対平和の後史をアジア人の道徳を中心として建設せんとした」と書かれている。この時木村は、「後継は福田赳夫に」という佐藤の意向に逆らってでも田中政権を樹立し、日中国交正常化を果たすと石原に誓ったに違いない。

木村が牽引した四派連合結成

昭和四十六年十月十九日、木村は政党政治研究会を旗揚げし、「ポスト佐藤は官僚ではなく党人派に」というムードを作り上げていった。その目的は、福田政権誕生阻止にほかならない。

昭和四十七年が明けると、木村は公然と田中擁立を口にするようになった。佐藤に年頭の挨拶に行った足で、田中邸に向かったのだ。新聞記者たちに囲まれていた田中の方に近づき、田中に向かって「おい、お前、今度の総裁選に立候補する準備をしなくちゃならないぞ。お前、覚悟しろ」と言ったのである。

すでにこの時期には、木村と田中の間で「田中政権を誕生させて国交正常化に動く」との約束が固まっていたのではないか。田中のもとに、日中国交正常化推進派の外務省アジア局中国課長・橋本恕《ひろし》が作成したレポートが届けられたのも、ちょうどこの頃である。前年七月、橋本は田中の秘書の麓《ふもと》邦明と早坂茂三と面会し、次のような会話を交わしている。

「角さんは天下をとれるかなあ」「とれますよ、かならず……」「自民党で日中の国交回復がやれるのは誰だ」「それは田中のオヤジしかいない」「岸さんや灘尾さんをくずせるかなあ」「大丈夫だって。うちのオヤジならできますよ」「そうだな。じゃあ、角さんにひとつ、頑張ってもらうか」「やらせましょうよ、橋本さん。ぼくらも命がけでやるから……」「よし、わかった。じゃあ、オレが日中復交の見取り図を書く」「頼みます」「関ヶ原はいつだ」「一年先じゃないかな」「年明け早々には間に合わせるから」「お願いします」（早坂茂三『早坂茂三の「田中角栄」回想録』）。

こうして橋本はレポート作成に着手、昭和四十七年一月に完成したレポートを早坂に届けた。その直後、田中と橋本、愛知揆一、早坂の四者で協議が行われ、「日米安保体制を堅持した上で、日中国交正常化は実現できる」という結論が出された。早坂は、この時点で田中は、政権をとったらまず日中をやるという肚を決めたことは疑いないと書いている。

木村は田中政権樹立に突き進んでいく。冒頭に書いた「いな垣」での田中派結成直後の五月十七日、田中角栄、三木武夫、大平正芳、中曽根康弘の四派の世話人が集まり、反福田連合を推進させることで意見の一致を見た（田川誠一『日中交渉秘録』）。この時、四派連合結成に向けて水面下で動いていたのが、木村である。川崎秀二によると、田中系の木村、二階堂、三木派の松浦周太郎、井出一太郎らが、水面下で「ゆるい連携で行こう」と盟約に向けた協議を進めていたのだ（川崎秀二『日中復交後の世界』）。

こうして木村は四派連合結成を進めながら、次期政権が日中国交正常化を推進するという合意を形成していった。三木は総裁候補の中で最も日中国交正常化に積極的だった。大平も積極的だった。そのため、田中陣営は、田中が政権をとった際に正常化に踏み切る姿勢を見せることで、三木と大平の支持を獲得することができたのだ。

北京の決断と木村武雄

総裁選を控え、「周恩来の密使」と呼ばれた王泰平・北京日報東京特派員は、田川を通じて田中との接触を試みた。しかし、田中自身が動ける状況にはなかった。こうした中で、木村の声が北京を動かすことになる。

五月十八日、王は趙自瑞とともに、ホテル・ニューオータニで木村と会見に臨んだ。食事をとりながらの会談は二時間に及んだ。この場で、木村は次のように断言したのだった。

「党内の意見を統一することは不可能であるから、田中の考えとしては、就任したらただちに実行する。快刀乱麻を断つが如く、一気に国交回復を実現させるつもりである」

王によれば、木村は自身のアジア主義論を披露し、日中関係が日本にとっていかに重要であるかを強調したという。この内容は、田川の『日中交渉秘録』の記述とも符合する。

王は、木村との会見後、即座に外交部に会見内容を報告した。その後も王は、木村らと秘密裏に接触し、常に外交部に状況を報告した。その結果、北京はついに国交正常化の条件が整いつつあると判断したのである（王泰平『あのころの日本と中国』）。

七月二日、田中、大平、三木が日中国交正常化を柱とする三派盟約を結んだ。こうして、七月五日の総裁選で田中は福田を破り自民党総裁に当選したのである。七月七日に田中内閣が発足、九月二十五日、田中は日中国交正常化を実現し、木村との約束を見事に果たした。それは、木村が石原との誓いを果たした瞬間でもあった。

木村は、田中内閣で建設大臣と国家公安委員会委員長を兼務することになった。木村莞爾氏は「父は日中国交回復を進めようとすれば、台湾との関係を重視する右翼が反対することも想定していました。だからこそ父は、右翼を自ら抑えるために国家公安委員会委員長のポストを望んだのです」と明かしてくれた。

東亜連盟に身を置き、激動の時代を駆け抜けてきた木村は、台湾との関係を重視する親台派の言い分も十分に理解していた。その上で彼は、「反共」の論理を超えた王道アジア主義の理想によって、親台派を説得しようと覚悟していたのではあるまいか。

明治神宮外苑再開発

儲けのために日本の歴史を破壊するのか

撮影：山本和幸

作家・アルファブロガー　鈴木傾城

樹齢百年を超える樹木九七一本が伐採される

昭和五十年代、民族派最強の論客であった野村秋介氏は著書『友よ山河を亡ぼすなかれ』の中で、このような言葉を残している。

「わが内なる天皇は、わが内なる山紫水明なる山河と一体であり、緑豊かなる日本の一木一草は、そのままにしてわが日本の神々であらねばならぬ」

これは、すべての愛国者が改めて復唱しなければならない言葉でもある。この言葉を深く咀嚼すると、指し示しているものはまさに神道における八百万《やおよろず》の神であるというのが分かる。そして一木一草が神々であるという想いは、真っ当な日本民族であれば誰もが幼少の頃より馴染んでいる感覚で違和感がない。

しかしながら今、八百万の神々に背く事態が起きようとしている。令和四年三月十日に小池百合子都知事の最終決定を受けて告示された明治神宮外苑の大規模な再開発である。

明治神宮外苑は四季折々の自然を楽しむことができる東京のオアシスであるとともに、東京都が誇る歴史的記念碑でもある。歴史は古い。明治天皇が崩御されたのは明治四十五年であるが、日本国民のあいだからは明治天皇と昭憲皇太后を記念する施設を作るべきだという声が方々から上がった。そして多くの寄付がなされ、その結果として国費で内苑が作られ、日本国民の寄付で外苑が作られることになった。

外苑の造営にあたっては全国各地から多くの青年奉仕団が自発的に集

まって勤労に勤しみ、植栽された樹木もまた多くの国民から献木された。外苑の竣工を見たのが大正十五年だが、以後この地域は日本初の風致地区に指定され、百年近く国民の憩いの場所として守られてきた。まさに日本を代表する文化的景観である。その景観の美しさは海外でもよく知られており、開かれた庭園として世界的にも親しまれてきたのだった。

特にイチョウ並木は世界的にも有名で、東京で最も美しい街路樹として名を轟かす。ユネスコの諮問機関の国内組織「日本イコモス国内委員会」もまたこれを「国際社会に誇る公共性・公益性の高い文化的資産」「近代日本を代表する珠玉の名作」と呼んでいる。

ところが、平成二十五年頃より再開発の計画が浮上し、平成三十年には宗教法人明治神宮、日本スポーツ振興センター（ＪＳＣ）、伊藤忠商事、三井不動産が、再開発事業者として策定され、計画が一気に進んでいくことになった。

これら四者は老朽化を理由に神宮球場・第二球場と秩父宮ラグビー場をスクラップ&ビルドし、屋根付き全天候型ラグビー場、ホテル併設の新野球場を作り、さらにはオフィスビルや商業施設が入る複合ビルを建設すると発表したのだった。この計画の過程で分かったのは、樹齢百年を超える樹木を含む九七一本が伐採されてしまうという事実であった。ちなみに存置は三四〇本、移植は七〇本である。この移植の七〇本の場所は決まっておらず、しかも移植に成功するかどうかも確約されていない。

明治神宮外苑の樹木は、先人が明治天皇と昭憲皇太后を記念すべく寄付と献木によって造営されたものである。これが再開発によって一気に破壊されてしまう。しかもこの再開発計画は令和三年の暮れに行政による申し訳程度の住民説明会と、わずか二週間のみの縦覧の後に、市民不在の中で令和四年東京都都市計画審議会で賛成多数で採決され、三月十日には小池都知事の最終決定を受けて告示された。

この告示で驚いたのが市民側である。広く知らしめられないまま明治神宮外苑の再開発計画が不透明なプロセスが進行し、明治神宮外苑の要である樹木九七一本が一気に伐採されてしまう。しかも、こうした事実は開発側からは提出されなかった。

出来レースの疑いも

市民が少なからず衝撃を受けたのは、この再開発に宗教法人明治神宮も絡んでいたことである。本来であれば明治神宮が先頭に立って外苑の歴史と自然を守護すべきであったが、自然破壊を懸念される都市計画提案に宗教法人明治神宮が開発側に立っている。なぜ、こんなことになっているのか。

それは、三井不動産という企業の中で二十四年にも渡って権力者として君臨している岩沙弘道氏（三井不動産株式会社代表取締役会長）が、実は明治神宮総代を務めて影響力を行使していることに理由があるのではないか。

また、SDGs（持続可能な開発目標）を標榜して『緑化の推進は、自然の回復の基本であり、美しい景観を形成し、うるおいとやすらぎのある快適なまちづくりに重要な役割を果たす』という緑化計画を進めている東京都も、あっさり自然破壊が懸念される再開発事業を承諾しているのだが、これも平成三十年に東京都知事小池百合子が、明治神宮総代に就任していたことに理由があるのではないか。

再開発を計画した人間と承諾する人間が宗教法人明治神宮の内部にいて、最初から出来レースで動いているのではないかという懸念が見て取れる。

こうした事態を受けて市民側にも反対運動が一気に噴出し、大学生の楠本夏花氏が主導する反対デモや、アメリカ人事業家ロッシェル・カップ氏が主導するウェブを介した署名運動が燎原の火のように広がっていくようになった。この計画には東京都・再開発業者・地権者というステークホルダーが関わっているが、唯一疎外されているのが市民という重要なステークホルダーだったのである。

この明治神宮外苑の再開発計画は、あらゆる側面から見て問題だ。樹齢百年以上の樹木が約千本も伐採されてしまうというのも衝撃的なことなのだが、国民の憩いの場にもかかわらず国民が再開発の話し合いの中から弾かれて勝手に計画が進んでしまっていることに疑問を抱かずにはおられない。

そしてこの再開発計画は、百年単位で明治神宮外苑の杜を作ってきた先人の思いを完全に破壊してしまうことも看過できない。言うならば、この再開発は日本の歴史の破壊であり、文化の破壊でもある。根底にあるのは経済至上主義であり、儲けのためには日本の歴史や伝統・文化は破壊されても構わないという傲慢な姿勢が垣間見えるのである。

歴史の重みや厚みを軽視し、景観を破壊し、高層ビルを建ててホテルにして、歴史的文化的価値が高い空間を「ただのインバウンド目当ての商業エリア」にしてしまうのは、果たして正しいことなのか。

本来、この地区は風致地区に指定されており、高さ十五メートルを超える建造物は建てられないなどの規制があった。しかし東京都は前もって外苑に隣接する国立競技場を建て替えるために規制緩和を行っていた。それを都民ならびに国民を無視して進めるのだから、まさに言語道断の所業であると言える。

完成イメージ

もう一度、民族派最強の論客であった野村秋介氏の言葉に戻りたい。「わが内なる天皇は、わが内なる山紫水明なる山河と一体であり、緑豊かなる日本の一木一草は、そのままにしてわが日本の神々であらねばならぬ」という言葉である。

明治神宮外苑は明治天皇と昭憲皇太后の記念のために日本国民の寄付と献木によって造営され、樹齢百年を超える樹木がそれぞれ景観を構成しているのだが、それによって明治神宮外苑の一木一草は皇室にもかかわる特別な存在になったとも言える。それを商業施設のために破壊するというのは、歴史の冒涜であると気づかなければならないのだ。一木一草は八百万の神々であり、殊に明治神宮外苑はそうした精神が宿っている歴史的記念碑であり、それは破壊すべきものではなく保全すべきものである。

ゆえに明治神宮外苑の再開発は、今の形で進めるのであれば許されないことであり、廃止されなければならない。それぞれの施設の老朽化が問題であるならば、景観を破壊しないリノベーションでなければならないはずだ。そして、この問題は日本の歴史と伝統を慈しむ愛国者が一番強く声を上げなければならないのである。

外苑の樹木を守れ

本誌編集部

明治神宮外苑は大正十五年、明治天皇と昭憲皇太后の遺徳を顕彰するために青山練兵場をもとに創建された。開けた大地を明治天皇と昭憲皇太后の偉業をたたえるために、市井の民が崇敬の念をもって樹木を植えた。それを「また植えるからいい」と切り倒し、宿泊施設まで入れる再開発計画はいかがなものか。

老朽化した施設を建て直すことは仕方のないことだが、前提を整理したい。神宮外苑は民間企業が利益を追求するために商業利用していい土地ではない。明治の御代を偲び、偉業を後世に伝え、文化伝統を発信し、芸術・スポーツの振興に寄与することを是としているのだ。一部、ネット上では「明治神宮が再開発を認めたのだから」という意見もあるという。

宗教法人は時の管理者に過ぎない。優先されるべきは創建の理念だ。宗教法人明治神宮の執行部も、公共性の高い神宮外苑を維持し続けるにあたり苦労も多々あったことだろう。

だが、神宮外苑の聖徳記念絵画館は重要文化財。内苑の施設の数々も同様に重要文化財に指定されている。聖徳記念絵画館は建物に記念性の高い重厚な外観意匠が認められ、絵画室の採光も先駆的と評価されている。この評価はこれまでの都市計画でも高層建物の建築が認められなかったことを複合的に勘案しても、外苑全体の景観を含めて、守るべき大切な文化的財産と言える。それを再開発にあたって建物の高さ規制を緩和することで、高層ビルの建設を強行したのだ。

本来なら、歴史と文化を守るため、文化庁などとの相談や景観保護のための補助制度の活用も議論し、柔軟な公金の大胆な支出などを取り付けるべきだった。結論ありきの再開発計画との批判は免れないだろう。

注目すべき動きもある。本誌記者の九十九晃が主催した「明治神宮外苑再開発を考える街頭演説会」は若手右派が共闘し、本誌副編集長の小野耕資も弁舌をふるった。参加者を代表して「神宮外苑の樹木伐採に反対」の嘆願が明治神宮の九条道成宮司に送られたという。

本誌編集部は営利集団による神宮外苑の破壊に反対するとともに、今後の状況を注視したい。

新連載

世界を牛耳る国際金融資本①
ワクチン普及による人口削減計画

祖国再生同盟代表・弁護士　木原功仁哉

反ワクチン訴訟　第一審判決

この度、国際金融資本をテーマに連載の機会をいただいた。第1回目は、私が弁護士として取り組んでいる「ワクチン中止活動」と国際金融資本の関係について述べたいと思う。

「ワクチン普及は人口削減が目的で、国際金融資本が仕掛けた生物兵器だ」と主張すると、いわゆる「陰謀論者」などと揶揄される。しかし、本党の最高顧問である南出喜久治弁護士（京都弁護士会）と私は、ワクチン問題に10年以上取り組んできたのであり、その立場から言えば、「ワクチンで人口削減」は定説中の定説であり、陰謀論者などと揶揄する者こそが本物の陰謀論者である。

我々2名は、令和3年7月30日、国を相手取って武漢ウイルス（新型コロナウイルス）ワクチンの接種中止のための行政訴訟（反ワクチン訴訟）を東京地裁に提起した原告3名の弁護団を結成している。この訴訟では、特例承認（いわば仮承認）の状態でワクチン接種を推進させ、結果として死亡や重篤な後遺症などの事象が頻発しているのだから接種を中止すべきであると主張した。そのほかにも、ワクチン接種努力義務（予防接種法9条）の無効確認、マスク着用義務の不存在確認などを請求したが、第一審である東京地裁民事第2部（春名茂裁判長）は、令和4年8月2日に一部却下、一部棄却という「門前払い」判決を言い渡した。却下の理由は「争訟性がない」「確認の利益がない」などという紋切り型のもので、平たく言えば「裁判所は内閣と厚労省が推進するワクチン行政には立ち入って判断しない」ということであった。まさに、最高裁の意向を汲んだ判決しか書かない「ヒラメ裁判官」の面目躍如たる判断を下したのである。

しかし、ワクチン問題は全国民にとって最も関心が高い事柄であるのに、裁判所が判断を回避しても良いのだろうか。東京地裁民事第2部は実質的審理を回避することで内閣と厚労省が推進するワクチン行政を追認したのであり、もはや「三権分立」や「司法権の独立」が死語であることを証明したのである。韓国ですら、令和4年1月にソウル行政裁判所が、防疫パスポート（ワクチン・パスポート）の執行停止を認める決定を出したのであるから、我が国の司法権の独立は韓国以下だということが証明されたのである。

当弁護団は、第一審判決に対し、8月12日付け控訴状により控訴し、東京高裁で審理されることになった。我々は、従前の主張立証を補充した上で、「裁判をしない裁判所」との闘いを継続しなければならない。

ワクチンによる不妊症のリスク

当弁護団がワクチンの安全性に関して最も懸念していることの一つが、不妊症や無精子症のリスクである。武漢ウイルスワクチン以外のワクチンについても不妊症等のリスクが明確に指摘されている。例えば、平成25年から積極的勧奨がなされたＨＰＶワクチン（子宮頸がんワクチン）のサーバリックスには、油性のアジュバント「スクワレン」が入っている。油であるから、血の中に入っても血と分離したまま体内を循環し続け、臓器に蓄積したり、女性の子宮や男性の陰嚢に蓄積して不妊症や無精子症のリスクが指摘されている。

サーバリックスの不妊化の危険性を示すデータとして、英国の医学誌「ランセット」に掲載された調査結果によると、直近接種3か月以内の流産のリスクが「14・7％（接種群）vs 9・1％（非接種群）」と、なんと61・5％増とのことである（平成22年3月2日付け「Risk of miscarriage with bivalent vaccine against human papillomavirus (HPV) types 16 and 18: pooled analysis of two randomised controlled trials」）。駄洒落を言うつもりはないが、このスクワレンという物質は本当に「救われん」代物なのである。

ＨＰＶワクチンは、平成25年4月に積極的勧奨を開始した途端にあまりにも多くの副作用が報告されたため、わずか2カ月で積極的勧奨が中止した。しかし、それから9年が経過し、武漢ウイルスワクチンの普及が成功したことに味を占めた製薬利権勢力が、またぞろ令和4年4月から積極的勧奨を再開させ、今度は男子にまで打たせようとしているのであるから、狂気の沙汰である。

さらに武漢ウイルスワクチンについても、ファイザー及びモデルナ製にはLNP（脂質ナノ粒子）という油の成分が入っており、スクワレンと同様、不妊症や無精子症のリスクが指摘されている。

それにもかかわらず、令和3年6月に河野太郎・ワクチン相（当時）は「ワクチンで不妊症になるというのはデマ」と言い切ったのである。本来なら、ワクチンの中長期的なリスクは5～10年検証しなければわかるものではないのに、治験期間が1年未満で「不妊はデマ」と言い切るのは恐れ入った話である。

このため、当弁護団は、令和3年9月に行われた自民党総裁選の候補者4名に対し、「ワクチンで不妊症になるというのはデマか否か」など9点にわたる質問を記載した公開質問状を送付したところ、唯一、野田聖子事務所から回答があった。野田事務所の回答は「ワクチンで不妊症になるかどうかについては、（中略）、治験や観察の期間が短いことなどから、正確な事実はいまだつかめていないものと考えます。中長期的な影響については、専門家の研究により今後明らかになるものと思います。」とのことであった。

つまり、河野太郎は「不妊はデマ」と言い切ったのに、野田聖子は「不妊のリスクは不明」と正直に答えたのである。なぜ自民党の大臣経験者の中で見解の齟齬があるのか。河野太郎こそが「デマ」を吐いているとしか言いようがないのである。

ビル・ゲイツが認める「人口削減計画」

ワクチンの開発に力を注いでいるのはマイクロソフト創業者のビル・ゲイツである。ビル・ゲイツが主宰するビル＆メリンダ・ゲイツ財団は、モデルナ、アストラゼネカ等の製薬会社に数百億円単位の投資をしてワクチン製造工場を建てさせている。ビル・ゲイツは、その目的について、TED2010会議で「Innovating to zero!」との演題で講演した際、「まずは人口です。現在、世界の人口は68億人です。90億人程度まで増加します。しかし、新ワクチン（new vaccines）や保健医療（health care）、生殖関連（reproductive health services）（筆者注：人工中絶を含む）で十分な成果を収めれば、おそらく10%から15%抑えることができるかもしれません。しかし今は、増加率を1・3と見ています」と、人口を10～15%削減するための第一順位の手段が「新ワクチンの普及」であると発言しており、この発言は現在に至るまで撤回されていない。

そして、このビル・ゲイツ発言がなされた同じ年に、フランスの経済学者で思想家とされるロスチャイルドのジャック・アタリが、ビル・ゲイツ発言に呼応して、優生学的見地から「馬鹿どもを処するために予防接種で殺せばいいんじゃないか」との論文まで発表し、パンデミックを恐れる愚かな民に「これが治療法だ」と救いの手を差し伸べてワクチンを接種させ、喜んで屠殺場に自ら進んで向かわせて自然淘汰させるのがよいということを堂々と述べている。まさに、ワクチンは殺人目的で開発するものであることを自白したのである。

では、なぜ意図的に人口を減らす必要があるのか。仮に当面のあいだ世界の人口が増加するとしても、地球が寒冷化に向かっている中での気候変動とそれによって生じうる飢饉や、偶発的に生じる戦争によって人口が適度に抑制されうるのであろうから、意図的に人口を減らすまでの必要性と正当性がどこにあるのか。要するに、ビル・ゲイツを含む巨万の富を手中にした国際金融資本は、犯罪的に掻き集めた財産の持ち腐れになることを避けるために「殺人ワクチン」を推進しているのである。江戸の三大飢饉の一つである享保の飢饉（A.D.1732）の際、百両の大金を首からぶら下げたまま餓死した商人がいたという記録が残っているが、ビル・ゲイツなどはこういう惨めな事態を一番恐れているのであろう。

国際金融資本は、自らの既得権益を守るためになりふり構わず「殺人ワクチン」を推進しているが、ここに至るまでの経緯について、次回以降探っていきたいと思う。

天皇を戴く国 (六)
大東亜戦争の世界史的意義

元衆議院議員　西村眞悟

日本人が掲げた人種差別撤廃

例年、八月に入った途端に、マスコミでは連日、大東亜戦争に於ける戦死者、アメリカ軍による都市無差別爆撃の犠牲者また広島と長崎の原子爆弾の被爆者の映像が繰り返し放映され、八月十五日の政府主催の戦没者追悼式が、天皇皇后両陛下の御臨席のもとに開かれる。そして、戦死者と原爆の被爆者と都市爆撃の犠牲者の報道は、一年後の八月までピタリと停まる。しかし、この次元を、何時までも繰り返していてはダメだ。戦死者及び犠牲者に申し訳ない。則ち、我が国の歴史に対する冒涜である。

多くの日本人が読んだサムエル・ハンチントンというアメリカの国際政治学者が書いた「文明の衝突」という本の原題は、「文明の衝突と世界秩序の再創造 (the Clash of Civilization and the Remaking of World Order)」である。この題名通り、ハンチントンは、文明の衝突は世界秩序を再構築すると位置づけた。

そこで、大東亜戦争から七十七年を閲する二十一世紀に生きる吾等は、大東亜戦争は、如何なる文明の衝突であったのか、また、新しい二十一世紀の世界秩序を構築したのはどの文明であるかを明確に自覚しなければならない。そこで、「帝国政府声明」と「大東亜共同宣言」という我が国が、世界に向けて発した二つの文書を点検しよう。

昭和十六年十二月八日の大東亜戦争開戦にあたり発せられた「帝国政府声明」において、我が国は、開戦は、「米英の暴政を廃して東亜を明朗本然の姿に復し、相携えて共栄の楽を頒たんと翼念するに外ならず」と宣言している。さらに昭和十八年十一月十六日の我が国が主催した、中国、タイ、満州、フィリピン、ビルマそしてインド各国の首脳が参加した大東亜会議における「大東亜共同宣言」においては、「大東亜各国は萬邦との交誼を篤うし、人種差別を撤廃し、普く文化を交流し、進んで、資源を開放し、以て、世界の進運に貢献す」明記されている。これこそ、二十一世紀の現在の「新しい世界秩序」ではないか。

これに対して、植民地であるフィリピンやグアム、そして、インド、セイロン、ビルマ、シンガポール、南アフリカなどを、解放する気など毛頭無いアメリカのF・ルーズベルト大統領やイギリスのW・チャーチル首相が、昭和十六年八月十四日に合意したと言われる「大西洋憲章」にある「総ての人民が民族自決の権利を有すること」という合意は、ナチス・ドイツに支配されているヨーロッパ諸民族の解放のみを謳ったもので、自分たちが植民地支配するアジアやアフリカの諸民族を解放するものでは全くなく、現在の世界秩序を指し示したものではない。

従って、毎年、政府主催で戦没者追悼式を開催し、天皇陛下の御臨席を仰ぐ以上、いやしくも総理大臣ならば、我が国の品格と誇りを重んじて、「戦没者は、現在の世界に、植民地支配無く人種差別無き秩序を打ち立てるために戦い戦没された尊い英霊であり、単なる犠牲者ではない。」と挨拶すべきである。

二人の典型的な日本人

次に、この歴史の渦中にあった典型的な日本人を知ることは、歴史を血肉化することである。よって、次に二人の人物に関して記しておきたい。一人は、「大東亜共同宣言」を起草した者であり、終戦直後、マッカーサーに最も恐れられた礼服を着た戦士である。他の一人は、昭和天皇から（停戦を実現するために）、「もうほかに人はいない、頼むから」と言われた江戸時代生まれの男である。

一人目の重光葵は、明治二十年（一八八七年）大分に生まれ、第五高等学校から東京帝国大学に進み、外交官になり、その後、東条内閣と小磯内閣（昭和十八年～二十年四月五日）、そして、東久邇宮内閣（昭和二十年八月十七日～九月十五日）で外務大臣を歴任する。

昭和七年（一九三二年）一月に勃発した、第一次上海事変の際には、重光葵は駐華公使として停戦交渉に臨んだ。その交渉途上の四月二十九日の上海虹口公園（現、魯迅公園）で行われた天長節祝賀式典において、重光は壇上で国歌「君が代」を斉唱していたとき、朝鮮人尹奉吉が投げ込んだ爆弾で重傷を負った。

この時、重光と共に壇上で君が代を斉唱していた居留民団代表は即死、陸軍大将は重傷を負い五月二十六日に死亡、陸軍中将は重傷、後に日米開戦時の駐米大使を務める野村吉三郎海軍中将は片目を失明し隻眼となった。そして、重傷を負った重光は、激痛の中で中国側との交渉を続け、五月五日に合意した上海停戦協定に署名してから右足を切断した。後に、重光が言うには、爆弾が投げ込まれたことに、皆気付いてはいたが、天長節において国歌「君が代」を斉唱中であったから、その途中で逃げてはならぬと、皆、退避せず斉唱を続けたということだ。明治に生まれ育った日本人とは、こういう人達であったのか、としみじみ思う。

重光葵は、毎朝、教育勅語を奉唱して一日を始める明治人であった。この重光が、外務大臣として大東亜会議を企画して実施し、「大東亜共同宣言」を起草した。そして、昭和二十年九月二日、アメリカ戦艦ミズーリ号上で「降伏文書」に「大日本帝国天皇陛下の命に依り且つその名において」署名し、下船後、マッカーサー総司令官が翌九月三日に、日本政府を無視して、日本の裁判所を廃止して米軍事法廷を日本の裁判所とし、日本の通貨を廃止して米軍軍票を日本の通貨にする直接軍政を実施しようとしているのを察知し、翌早朝、マッカーサーが宿泊するニューグランド・ホテルに、「礼服を着た戦士」として乗り込み、マッカーサーに軍政を撤廃させている。おそらく、本土決戦の為に死を覚悟している日本軍二百五十万が貴官を殺そうと行動を起こす、と恫喝したのであろう。

二人目の鈴木貫太郎は、慶応三年十二月二十四日、下総関宿藩の飛地である泉州久世村伏尾一万石（現、堺市中区伏尾）の陣屋で代官の長男として生まれた。明治四年、下総の関宿藩内の本籍地に転居した鈴木は、海軍兵学校（十四期）を卒業し、日清戦争（明治二十七・八年）では勇猛な水雷艇長、日露戦争（明治三十七・八年）では第四駆逐隊司令として敵艦に肉薄して四隻のロシア戦艦に魚雷を命中させて武勲をあげ、猛訓練で部下から「鬼貫」と恐れられた。会津藩士の娘であった先妻に死なれ、昭和天皇の幼少期の教育掛を勤めた足立たかと再婚した。その後、鈴木は、海軍大将となり連合艦隊司令長官、軍令部長を務め、昭和四年、天皇と皇太后に請われて宮中席次では軍令部長より三十ランクほど下の侍従長に就任した。

昭和十一年二月二十六日未明、鈴木は、侍従長官邸を襲撃した歩兵第三聯隊安藤輝三大尉率いる反乱軍兵士の銃撃により四発の命中弾を受け、自分の血がたまった床に昏倒する。止めを刺そうと拳銃を抜いて銃口を鈴木の頸部に宛がった安藤大尉に対し、妻のたかが、「老人ですから止めは刺さないで下さい。もし、どうしても止めが必要なら私が致します」と言うと、安藤大尉は、後ろに下がり、部下に「侍従長閣下に対し敬礼する。気をつけー、捧げ銃」と號令をかけ、部隊は鈴木に捧銃して退出していった。その後、鈴木は、一時心肺停止の危篤状態になるが、たかが耳元で「あなた!しっかりしなさい!」と大声で叫ぶと目を開いて、この世に戻ってきた。

傷が癒えてから、鈴木は、「昏睡しているとき、枕元に、多治速比売《たじはやひめ》の神様が立たれていた」と言い、後に、夫婦で、鈴木が生まれた堺市伏尾のすぐ南の丘陵にある多治速比売神社にお礼の参拝をしている。また、二・二六事件で部隊を指揮して鈴木を襲撃した安藤大尉は、以前、鈴木の私宅を訪問したことがあり、自宅でくつろぐ鈴木の率直にして豪放な話を聞いて感銘を受け、以後、鈴木を敬仰し、「西郷さんのような方だ」と友人に語っていたという。ここに、安藤が、二・二六事件の際に、鈴木の妻たかの「止めを刺さないで下さい」という凜とした言葉に従った理由がある。

安藤輝三大尉(陸士三十八期)は、軍法会議により反乱罪により銃殺による死刑を宣告され執行された。鈴木は、記者の質問に「とどめを、あえてささなかった安藤は、命の恩人だ。」と言っている。九年後に鈴木は、陛下から終戦実現の為の大命を拝受した。老人ですからと辞退する鈴木に、陛下が「もう、ほかに人がいない、頼むから」と言われたのだ。陛下のご慧眼通り、鈴木がいなければ、あの時の終戦は成らず、北海道はソ連領となり、本州の日本海側は「ソ連領の日本」、太平洋側は「アメリカ領の日本」に分割され、國體は護持できなかったであろう。昭和十一年七月十二日銃殺された安藤輝三大尉、貴官が止めをささなかったので、國體は護持された、以て瞑すべきである。

保田與重郎から読み解く維新の源流 ②

近世国学の源流 後鳥羽院

「王朝の風雅を伝える御所」（筆者撮影）

歴史学者　倉橋　昇

はじめに

前回述べたように、保田與重郎は日本の国の基を「朝廷の風儀」「王朝の風雅」、つまり天皇を源として受け継がれてきた「言霊の道」に置き、歌こそが神と人とを結ぶ「橋」であり、一筋の「道」であることを説いたのであった。保田はこの「道」を、松尾芭蕉と本居宣長から感得したのだというが、それは何処より続く道であったのか。もちろん、それは我が神話から発するものではある。

永遠の神話の日よりつたへられた、日本の燃ゆる火そのままを今に燃焼せしめよ。我らが使命は火を護ることであつた。そのみちは詩人のゆく道である、英雄の歩いた道である。いくさとうたの拓く今日の道である。（保田與重郎『後鳥羽院』）

これは保田が著書『後鳥羽院』の序で述べた言であるが、同書の中で保田は、日本の文芸と精神を考える者は、一度、後鳥羽院を通らねばならぬと言う。本稿ではこの保田の感得、つまり明治維新を成し遂げた勤王の志士の精神は我が国の神話に発し、後鳥羽院を経て、地下に根付いていったとする、言霊の道の歴史観について述べてみたい。

英雄・後鳥羽院

おく山のおどろの下もふみわけて道ある世ぞと人にしらせむ

このあまりにも有名な後鳥羽院の御製は、院の生き様そのものであった。

この「道」とは日本の精神とも言い換えられるが、「敷島の道」つまり「歌の道」は保田の言葉を借りれば、次のように言うことができる。

神が歌によつて世に諷したり、又は倒言したりしたやうに、言霊の歌のみちは、

表現技術でなくして、世界観そのままであつた。それは神が人に告げることばであり、又人が神に云ふことばであつた。（同）

つまり、日本の歌の道とは「全てが神に帰するとする精神の道」と言ってもよい。これを体現していたのが、神代や古代の英雄たちであった。必然古代の「道」は、英雄たちの「至尊の丈夫ぶり」（同）の詠みぶりで表され、それは既に完成されたものであった。

しかし、我が国の英雄は完璧ではなく、その崇高さ故に敗れることを常とする。日本武尊を思い起こせば分かるであろう。後鳥羽院もまた「承久の乱」に敗れ、配流先の隠岐島で生涯を閉じた「敗れた英雄」であった。

後鳥羽院を「英雄」たらしめているのは、道を知らぬ武家に対して兵を挙げたことだけではなく、それよりもむしろ文化的・精神的なご事績にある。宮中を中心に歌壇を主宰し、『新古今和歌集』の編纂を成し遂げ、その和歌への情熱は隠岐島でも衰えを知らなかった。まさに王朝最後の大詩人であった。

わが言霊の道は新古今の時代、すなわち王朝の文化が衰退し武家勃興の時代、極みへと達し、文化的には武家を圧倒した。後の世に、武士たちが王朝の風雅を慕いつつ詠んだ歌にも名歌はあるが、新古今の歌人のものに比べると足元にも及ばない。だが、同時に王朝の風雅は後鳥羽院の配流と共に衰えていった。この王朝の風雅の最後を飾り、燦然と輝いた大詩人こそ後鳥羽院であったのだ。院が精魂込めた新古今和歌集はまさに王朝の風雅の精華としてその最後を飾るに相応しいものとなったのである。この大詩人を英雄と呼ばずして、何と呼ぶべきか。

隠遁詩人から志士へ

神代・古代の至尊の調べを源流とし、平安朝で王朝の風雅へと発展し、平安末期から鎌倉時代初頭にかけて美の極みへと達した言霊の道の正風は、承久の乱の後、後鳥羽院の配流によって途絶えたかに見えた。しかし、その正風は宮廷の外で隠遁詩人たちによってしっかりと受け継がれ、守られていったのであった。そして、それが地下の人々に王朝の風雅を恢弘する契機ともなった。保田は、この一事がわが國史の中でいかに重要な地位を占めるかを説いたのである。

後鳥羽院は戦には敗れたが、その精神は広く日本の地下の深いところに根付いていった。我が国の歌や文芸は、決して時の権力者の道具に堕することなく、敗者にもその哀しき声を発する機会を与え、それを庶民の心に届け続けたのである。我が国の歴史観には、勝者の驕りよりも敗者の悲哀が欠かせないのだが、その悲哀を表現する手段は言霊の風雅しかあり得ない。勝者のみを讃える言辞は、決して我が国の正風ではない。斯かる点において、易姓革命の思想に基づく支那文明は我が日本文明と根本的に異なるのである。更には、鎌倉以後の武家政権が禅宗や儒教に傾倒していったことは、隠遁詩人たちが言霊の道の正風を受け継いでいったことと表裏の関係にあると言えよう。

その隠遁詩人の魁は西行であり、後鳥羽院よりも一世代上の人であるが、その隠遁振りは後鳥羽院後の隠遁詩人たちの手本ともなった。その後、宗祇などの連歌師が正風を受け継ぎ、近世では芭蕉などの俳諧師がそれを引き継いだ。後鳥羽院が知らしめ守らんとした日本の精神は確実に民衆の中、庶民の文化の中に根付いていったのである。時に、時代を動かす大きなうねりを在野の文士たちが生み出すことがあったが、彼らはこの正風を受け継ぐものである。

本居宣長と同世代の高山彦九郎はその一人である。京都の三条橋上から皇居を伏し拝し、「草莽の臣高山正之」と唱えたと言う彦九郎を保田は次のように激賞する。

わが國の臣の志を述べた思想として、又文学として、高山彦九郎のこの一句より深いものはないのである。彼が何を思ひ描いた末に草莽の臣と唱へて慟哭したか、この点を今日考へるがよい。この瞬間に我が國民の草莽の志の中に、一本の筋金の如くに、神ながら、わが大君より伝る光は、貫流するのである。わが大君と、みたみわれの中間には何ものもないといふ自覚、神ながら、わが心に鎮り坐すといふ自覚こそ、あらゆる創造と、その表現と、その激しい行為の根源である。我々の生命の原理はここにあるのである。それは教へることも、説く必要もない、それをいのちの原理として生きるものが、わが古の道の教へのままに、君に仕へ國に報ひうるのである。

(「草莽の臣高山彦九郎」)

さらに、保田は、彦九郎の草莽と詩人たちの隠遁とを次のように比した。

彼の自身の表現はあまりに純粋であり、いはば詩であつた。(中略)彼は中世以降の詩人が、「わび」「さび」の志で、古の宮廷をしたひつつ放浪したのに似た旅をしたが、中古の人々の消極的な美の思想は、彼に於てはもつとはつきりした本質の純粋だけがとり出され、積極的に一つの大きい悲願となつてゐた。彼はそれによつて勤皇の実践の第一人者だつた。(同)

つまり、彦九郎が江戸末期に数多生まれた勤皇の志士の魁となったのは、言霊の道を受け継ぎつつも独自の「積極性」を持ち得たことに依るのである。事実、彦九郎は全国を旅しながら、国事に奔走しつつ歌を詠み続けた。その歌は『高山朽葉集』として後世纏めれたが、その最初を飾るのは次の歌である。

思ひきや越路の雪に旅寝して
　都の春をよそに見んとは (高山朽葉集　一)

敢えてこの歌の詞書を省いたが、歌をじっくりと鑑賞していただきたいからである。この歌から伝わってくるのは、まさに王朝の風雅を慕う草莽の心である。これは在原業平の一首

忘れては夢かとぞ思ふ思ひきやゆきふみわけて君を
　見むとは (伊勢物語　八十三)

を本歌としているのは明らかであるが、この歌の中で業平が君と呼んだ相手は惟喬親王である。彦九郎が旅した言霊の道にこれ以上の説明は不要であろう。

言霊の道の正風

保田が最も敬愛した幕末の志士は、伴林光平であった。

くづをれてよしや死すとも御陵の
　小笹分けつつ行かむとぞおもふ

この天誅組義挙の時の述志の歌を、保田は次のように評した。

むかしの大伴氏の「大君のへにこそ死なめ」といふ志に通ずる作で、この心持の美しさは幕末勤皇歌中での筆頭である。この志の敬虔な帰依の心持は、古の萬葉人の志のさまを、近い世に見る思ひがする。勤皇の志をかういふ詩人の思ひからひらいた詩歌は、多くの志士の作中にも例なかつたと思ふ。(「本是神州清潔民」)

保田は光平の心持を「古の萬葉人の志のさま」と喩えたが、これは光平の歌が萬葉調と言っているのではない。右の一首から明らかであるように、光平の歌風は王朝風に属するものである。保田も「彼は詩人としては所謂萬葉調の人ではなく、さういふ理窟から歌ふ代りに、志と美から歌つた人であつた」(同) と明確に述べており、さらに、「光

平は国学者としては掉尾の第一人者であるが、国学の系統の中では、伝統詩人のもつた宮廷帰依の志から学問を思つた側の、上方風の詩人的思想家だつた」（同）と説いている。これは前回少し触れた本居宣長の王朝の風儀とも通じるところである。

保田は、光平の歌が萬葉調でないことで歌壇でよろこばれていないことを嘆いたが、これは江戸後期から明治を経て現代まで続く萬葉調偏重に依る。神代・古代において既に完成されていた英雄たちによる「至尊」の詠みぶり、すなわち「丈夫ぶり」は、近世において再び脚光を浴び強調され始めたが、これはどこか人為的で観念的なもの、つまりイデオロギー的であった。これは、古今集から続く王朝の風雅も、後鳥羽院以後地下に根付いていった文芸も一切認めず、一気に原初の精神まで戻れと言っているもので、歴史も伝統も無視している。

しかし、英雄や大君たちの「至尊調」とそれに付き従う「丈夫ぶり」への偏重は明治以降も衰えず、正岡子規などは古今集以降の歌の伝統、つまり王朝文学を全否定した。筆者は明治の治世を全否定するものではないが、やはりそのイデオロギー的なところに違和感を感じる。そこには、明治が抱えていた矛盾、つまり漢心的なものがなかったか。江戸期の漢学、明治期の洋学、それらに対抗するために男性的な「丈夫ぶり」が求められたのではないか。

実は、後鳥羽院ご自身もその帝王としてのお立場から至尊調の御製を数多く残されている。だが、やはりそれらの歌に流れる心は「嘆き」「古の世に戻れぬ寂しさ」であり、この「寂しさ」は新古今集の歌壇を覆っていたものである。これが武家の世へと移り変わっていく時代の相であったのだが、保田も述べているように、武家の儒教的政治学の時代になると、後鳥羽院の歌心、国風の精神はついに顧みられなかった。（『後鳥羽院』）

近世国学者も、「萬葉調・丈夫ぶり」か「王朝風」かで二派に分かれており、前者を代表するのは賀茂真淵であり、後者は本居宣長であった。王朝文学の精華である『源氏物語』に対する姿勢が、この二派を見分ける判断材料の一つとなろう。宣長が源氏物語を高く評価していたことは、藤原俊成が「源氏見ざる歌詠みは遺恨の事なり」と述べていたことと相通ずるものがある。

翻って、「丈夫ぶり」が「明治の精神」の基となり、一時代を築いたのも事実で、時代がそれを求めたとも言えよう。

日本の精神を明らめん為に歌を重んじた国学者の二派のうち、どちらが言霊の道の正風を保っているかなどとここで言挙げするつもりはないが、王朝の詠みぶりを否定すること、後鳥羽院のご事績を過小評価することは道を外れるとだけ述べておきたい。ただ、王朝の歌壇の中でさえ萬葉集をどのように扱うべきか様々な議論があったことは事実で、その位置づけが難しいのも事実である。

おわりに

最後に、保田が後鳥羽院と院が成した新古今集をどのように見ていたか、少し述べてみたい。

保田は新古今集について、「かくて新古今集ではあらゆるものの綜合であつた」（同）と述べている。また、後鳥羽院時代の文芸は感傷化した「文学少女風」であり、これは王朝風な心理追求の終末的に辿らねばならなかった道であり、王朝物語の終焉様式であるとも述べている。その上で、少々長くなるが次の保田の文章を読んでいただこう。

これは新古今集や千五百番歌合風な偉大な饗宴の側面の風潮であつた。あの繊細可憐にして純粋なものと、ためいきのやうな民衆的呪歌のしらべの混沌の中で、それらと共に院は至尊調の丈夫ぶりに、捨身を思はせる祈念の歌をかなへられてゐたのである。萬葉的とか新古今的とかいつてゐる歌論的系統と異つた実存や意欲が、院の未曾有の饗宴を指導する院の心持であつた。結果として院が新古今的なもの一切の推進力だつた。このあとに生れるもののながれもここから自づと了知されよう。一切の綜合と整理が院の大精神によつて完成された。この文芸的意味は未曾有でもあるし、後世にもつひにない。そしてこの後といふことは承久の事変によつて一そう決定されたのである。宮廷を大宗とした地下放浪の詩人たちは、困窮の旅の心に旅の栄花を歌ひ、現世の恋心を行脚によつて描いた。（同）

隠岐島に配流の身となった院ご自身がこの隠遁詩人の道を開いたわけだが、詩人たちは志を以てこれに続き、その志を地下に恢弘し得た。保田がこの道を感得し得たのは芭蕉や宣長の存在のためだというのが、その証である。そして、本稿の筆を擱くにあたり、勤皇の志士の魁であった草莽の臣高山彦九郎も、幕末掉尾の国学者で歌人の伴林光平もまた、この言霊の道を行く者であったこと、これは述史の上で決して見落としてはならぬと述べておきたい。

『美しい日本の憲法』という前に、正しい日本語の憲法を（二）
九条での変節は、統一教会との癒着と無関係か？

平成国際大学名誉教授　慶野義雄

憲法九条の正しい解釈

本誌前号に書いたように、日本国憲法の草案はGHQによって書かれ、特に九条はアメリカの占領政策を体現したものである。正しい九条解釈のためには、中学生程度の国語力に加えて、少なくとも、戦争と占領に関する常識が必要である。被占領国日本を非武装化し、長期的に自国に敵対しないような装置、それが九条の本質なのである。通訳としてGHQと日本政府の調整に当った終戦連絡局次長白洲次郎は、「カンキンして強姦されたらアイノコが生まれた」と書き残した。白洲の用語には現在では不適切な表現もあるかもしれないが、日本国憲法が望まれて誕生したものでないことだけは確かである。

第九条第二項には、「陸海空軍、その他の戦力は、これを保持しない」とあり、どう読んでも自衛隊が「陸海空軍その他の戦力」ではないとは解釈できない。無理筋で自衛隊保有まで認めても、交戦権（戦争する権利、または戦闘部隊に与えられる国際法上の特別な地位）を認められないなら何のための自衛隊なのか。通常、自衛隊違憲論は、第二項を根拠にする場合が多いが、私は、第二項は言うに及ばず第一項で完全に違憲であると考える。第一項には、「国権の発動たる戦争……は放棄する」とある。制憲当時の政府案は、マッカーサー草案を受け、国の主権（sovereign right）の発動たる戦争……は放棄する」であった。衆院憲法改正委員小委員会で、芦田委員長と鈴木義男議員が連携プレーで、「国の主権の発動たる戦争」を「国権の発動たる戦争」に修正した。この理由は、「国の主権」の一部を放棄するとなったらいくら何でも国民が怒る。国民の目から「主権放棄」という語を隠すためである。その証拠に、再度英訳してGHQに届けた英文訳には、マッカーサー草案由来の「国の主権（sovereign right）の発動たる戦争……は放棄する」が復活し、日本国憲法（英文）となっているのである。これが、九条は第一項第二項あわせて全部削除しなければならない理由である。自国の主権を否定するなどと定める憲法は世界中に一つもない。

芦田均委員長は、自分が、第二項冒頭に「前項の目的を達するため」という一句を加えておいたため、自衛権の行使は可能になったと虚偽の主張をしていた。この委員会の議事録は秘密扱いであったため、一部に芦田の嘘を信用する者もあったが、昭和五八年、委員会が英文に翻訳して総司令部に提出していた議事録（アメリカの公文書館に保管されていた）を森清氏が監訳出版し、平成七年には、衆議院事務局に保管されていた生の速記録が公刊され、芦田の嘘は暴かれた。芦田が、委員会で非武装を貫くことがいかに重要かを熱弁していたことの動かぬ証拠が見つかったのである。さらに、議事録では「戦争を放棄する」という第一項と「戦力を持たない」とする第二項の順番を入れ替えようとさえ提案していたことも残っている。それなら、自衛戦争のためなら戦力を持てるという解釈は、論理的にも成り立たない。しかし、芦田虚言伝説は何度も繰り返されている間に人々の脳に刷り込まれ、あたかも本当にあったことのように信じられてしまった。いまだに幻の芦田修正を根拠に自衛隊合憲論をとっている者は、余程不勉強で事実を認めないか、何らかの魂胆があってそうしているかのいずれかである。

占領政策の一環としての日本国憲法

占領は戦争の一部であり、占領政策の完遂によって戦争は完結する。占領開始と同時に、何をおいても被占領国の武装解除が行われる。そして、できる限り相手を弱体化し、二度と自国と戦えない様にするための手段を講ずる。被占領国の復興など二の次、三の次だ。ところで、国際法は原則として占領下で相手国の憲法を改正することを禁じている。そこで、違法に憲法を押し付けた者は、相手国の政府または国民が自らの意思で憲法を改正したかのように装う。

日本国憲法の制定（あるいは帝国憲法の改正）に関しては、無効論、失効論、八月革命説等様々な議論がある。制定手続きからは日本国憲法の性格は説明がつきにくい。また、欽定憲法を民定憲法に改正しうるのかという憲法改正の限界の問題を考えると議論はますます混乱する。日本国憲法の制定(あるいは、帝国憲法の改正)が違法な手続きで行われたことだけは事実である。だが、日本国憲法の公布が天皇の名において行われたことも事実である。公布とは、元首により、憲法や法律を確定する行為である。法律は議会での多数決により制定されると通常理解されている。しかし、議会を通っただけではまだ確定した法律ではない。元首による「認定」の手続きを経て確定した法となる。満場一致で決定した法案でも一票差で通った法律案でも、過誤により通った法律案でも元首による認定を経れば、全く同等の効力を持つ。そうでなければ、国民生活が混乱してしまう。

私は、日本国憲法は、違法な手続きで制定されたが、元首による認定(公布)により(法的には)正当な憲法になったと考える。日本は、本来は憲法でないものを憲法と呼んでいる。もちろん、憲法が敗戦国病に汚染された責任を昭和天皇に転嫁してはならない。降伏勧告を受け入れなければ国土は焦土となり、国民はさらに悲惨な状態になったろう。これが戦争に負けるということであり、占領を受け入れた時点で国際法違反の占領政策が行われることになったのである。なお、帝国憲法の性格については、筧克彦博士に従って欽定、民定を超えた神定憲法であるという説明がよいと考える。神定とは、肇国以来の統治の洪範を集大成したものであり、歴史と伝統、広い意味の国体(くにがら)を成文化、集大成したものの意である。キリスト教的神や絶対君主が定めたものではないので、自主憲法を国民(主権的民族)が定めるなら何ら改正の限界をこえるものではない。

憲法改正を妨害する自衛隊合憲論

小泉首相に随行し、金正日に謝罪させ、拉致被害者の一部を奪還した官房副長官時代の安倍氏は、まさに戦後体制への挑戦者であった。当時の外務省は他国の利益を代弁するだけの戦後体制そのものであった。ところが、政権についてからの安倍氏の言動は、戦後からの脱却とは逆に戦後体制の申し子、強化者、定着者となり、完成者に近づいていた。戦後体制とは、GHQが敗戦国日本に押し付けた非武装憲法体制、所謂『平和憲法』体制であり、なし崩しに解釈改憲を進める既成保守である。

安倍元首相は平成二九年の憲法記念日に九条一項、二項を残したまま、三項または九条の二を加憲し自衛隊を明記するという改正案を提案した。この改憲案には高等教育の無償化というおまけが付いていた。この改憲案は、緊急事態条項設置、参議院合区解消への措置など付録の部分に若干の追加または修正が加わり、現在の自民党の四項目憲法素案（たたき台）となっている。

九条改正は、憲法改正の本丸であり、戦後体制からの脱却の核心である。その他の付録は、憲法改正しなくてもできる法律レベル、政策レベルの問題であり、人気取りのためのバラマキといってもよい。ただ、緊急事態規定は喫緊に憲法改正の必要ある重要な問題ではある。ただし、『重大な自然災害などの』緊急事態という余計な形容詞を付けることによって問題の所在がボケている。緊急事態に自然災害やパンデミックを加えてもいいが、わざわざ緊急事態を例示するならば、第一に、戦争、侵略などの安全保障上の事態であろう。

平成一七年自民党改憲草案は、第一項はそのままだが第二項は削除して自衛軍を保持するとしていた。二四年自民党草案は、第一項を「国権の発動としての戦争を放棄する」としており、これを英文にしたとき、現行英文第一項同様war as a sovereign right of the nation（「国の一主権としての戦争」）にならないか心配ではある。とはいえ、二次にわたる自民党改憲案は、これによって日本が一人前の普通の国家となる第一歩となるはずであり、党議決定を経たまともな改憲案であった。ところが、まともな党内議論も経ずに安倍首相によって突然発表された改憲四項目はそれらに全く逆行するものであった。

九条第一、第二項をそのまま残してということは、マッカーサー憲法、敗戦国憲法を固定化し、それに戦後初めてお墨付きを与えるということである。第三項に自衛隊を明記するというが、そのままの第一項、第二項がある限り、存置された条項とあいまって自衛隊の性格はますます不明瞭となる。現に安倍氏が肩入れする『改憲』団体の指導者的憲法学者は、産経「正論」において、改正後の自衛隊は、平時は軍隊ではなく戦時は軍隊になる等と禅問答のようなことを言っている。

「戦後体制からの脱却」のまやかし

本年七月、安倍元首相が、山上徹也容疑者の凶弾に倒れた。この事件の二日後に参議院の選挙が行われ自民党が大勝した。自民党の勝因の一つは安倍氏への同情票が自民党に流れたことである。この事件と投票日が少しずれていれば、選挙結果は大きく変わっていただろう。マスコミは、宗教団体に関する問題を報ずる場合なぜか及び腰になる。ことに選挙期間中は慎重である。投票日以後、事件の経緯が少しずつ報じられるようになった。事件の発端は、山上の母が旧統一教会にのめり込み、全財産を奪い取られ破産し、裕福だった一家はどん底の生活苦に追い込まれ、家庭生活は破綻、山上自身も進学を断念するだけでなく、病気の兄弟に保険金を遺すために自殺未遂さえ試みる。母の教会への献金は一億円をこえ、弁護士である山上の伯父が教会との示談により母のために五千万円を取り戻すも、母のマインドコントロールは解けず、再度全額を教団に寄付してしまう始末である。こうした壮絶な生活の挙句、韓国教団本部の総裁来日を狙って殺害しようとしたがかなわず、教団の記念行事に韓鶴子総裁を礼賛するビデオメッセージを送っていた安倍元首相に目標を変える。

八十年代、粗末な壷や、印鑑、数珠などを数百万円の高額で売りつける統一教会による霊感商法が問題になった。被害者連絡会が相談を受けているだけでも三万五千件、被害額は千三百億円以上、実際の被害額はその数倍になるだろうという。何千、何万組の男女が同時に行う国際合同結婚式も異常である。結婚相手は教祖文鮮明が一方的に決め、当日まで本人たちには知らされない。合同結婚式参加費は日本人百四十万円、韓国人はその十分の一といわれ、教団の大きな収入源である。教祖による血分けの儀式などは正にカルト教団のそれだ。教会の教義によれば、韓国はアダム国家、日本はイヴ国家とされる。「先祖解怨」という教えがあり、イヴが犯した罪により、アダムは腐敗させられたとされる。先祖が犯した罪は怨となって子孫を不幸にするから「解怨」のために何代にも遡ってイヴはアダムに償わなければならない。先祖の罪とは植民地支配でもある。イヴ国日本はすべての物質を収拾して本然の夫であるアダム国韓国に捧げ尽くさなければならない。教団支部は世界中にあるが、主要なターゲットは日本人で、教会の活動資金は七割以上が日本から送金されたものだという。因みに、合同結婚式の日本人参加者は圧倒的に女性が多い。教会はソウル郊外に巨大な宮殿都市を構え、その資金の大半が日本人から収奪されたものであるようだ。北朝鮮は日本人を暴力で拉致したが、統一教会は宗教を巧みに利用して若い日本人女性を連れ去る。

安倍元首相が、統一教会の広告塔を演じ、霊感商法などの反社会的行為を間接的に支えたこと、統一教会票の割り振りを行っていた（元締めと言い換えてもいい）こと、自民党とカルト教団との橋渡しの役割を演じ、自民党と反社カルト教団との癒着関係を深化させたことなど到底『美しい』とは言い難い大スキャンダルである。カルト教団の魔手は、細田博之衆院議長、伊達忠一前参議院議長（元首相と合せ三権の長の三人までも！）、反社集団を取り締まるべき二之湯智国家公安委員長、統一教会の名称変更認証当時の下村博文文科大臣、国防担当の岸信夫防衛大臣等々国家の要職者多数に及ぶ。それにより、日本の政策は歪められることはなかったか。頭をよぎるのはゾルゲ事件のことである。かつて、お坊ちゃま宰相近衛文麿に、ソ連のスパイ、ゾルゲと朝日記者尾崎秀実が近づき、国家機密がソ連に駄々洩れになり、結果的に日本の敗戦につながった。要人事務所に出入りする反日教団の信者により我が国の機微な情報が外国に漏洩することはなかったか。

それなりにまともであった自民党改憲案から、「骨抜きの」、「反主権国家的でさえある」現在の自民党改憲案への転換に、カルト反日教団との黒い関係が影響を及ぼしていないか。四項目の改憲素案には、『戦後体制からの脱却』の片鱗もみられないのだが。安倍首相の国葬については、当初、行うべきという意見が多数を占めたが、七月三一日の共同通信の世論調査では反対五三パーセントと大幅に逆転した。統一教会と安倍氏、統一教会と自民党のおどろおどろしいまでの癒着が報道されるに至ったからである。統一教会問題については、徹底的に追及しなければならない。しかし、ロシアのウクライナ侵攻、中国の覇権主義的膨張政策、北朝鮮の核開発と挑発と国際情勢は緊迫している。

今さら、統一教会の影の見える安倍四項目ではないだろう。国軍の創設もすぐには間に合わない。そこで提案だが、とりあえず、九条全文削除という改正を行ったらどうか。自衛隊は現在の国民の九割が認めている。九条がなくなれば自衛隊合憲違憲論争はなくなる。ついでに前文も削除すれば申し分ないが、そこまでは欲張らない。将来の国の安全保障は、若い世代、将来の世代に委ねる。九条さえなくすれば将来法律改正の形で各議院の過半数により国軍を創設することもできる。我々老人が、いずれかの議院の三分の一を握って抵抗勢力となり、防衛、安全保障という国民全体に関わる重要問題を牛耳るというのは健全ではない。

尊皇愛国の経営　第七回

台湾を全面支援します。その①

㈱フローラ会長　川《かわ》瀬《せ》善業《よしなり》

令和四年八月二日にアメリカの下院議長のペロシさんが台湾を訪問しました。中華人民共和国がその訪問に大砲を打ち込んだりして、難癖をつけています。川瀬善業は今まで五十か国以上の国々を訪問してきました。「その中で一番良かった国はどこか?」と問われれば、迷わず、「台湾」と答えます。

では、なぜ台湾なのか?

四回に分けて、お話したいと思います。

台湾の成り立ち

ご存知のように、台湾は親日で知られる国です。治安が良く、現地の人々は日本人に対してとてもフレンドリーです。

もっとも、外交上、日本では、台湾は中華人民共和国の一部と看做され、独立国として遇されていません。

歴史の経緯を辿ると、第二次世界大戦後の昭和二十四（西暦一九四九）年、支那大陸の国共内戦で毛沢東率いる共産党に敗れた蒋介石と国民党が政府ごと台湾に逃げこんで、台湾を支配したために、台湾は中華民国と称するようになっています。それ以来、大陸＝中華人民共和国と並立する、「二つのチャイナ」があるという認識が広まりました。そこで共産党政権は、「チャイナは一つである」として、台湾は大陸チャイナの一部であると主張し、国際的にそれを認めさせようと圧力をかけ続けています。

しかし、実際には台湾は国民党政権が介入する以前は、大陸とは違う独特の国家体制、社会、文化を持っていました。つまり台湾は元来、大陸由来の中華民国とは異なる歴史を有する、独立した国なのです。この点をまず、我々はよく認識しなければなりません。

台湾は大陸の中央から遠く離れており、住む民族も漢民族とは異なっていました。独特の文化、言語を持ち、日本では「高山国」と言う名称で古くから知られていました。しかし、大陸の勢力争いの中心地である、いわゆる「中原」から見れば辺境の地であり、これといった産業や資源がない台湾は、古来チャイナでは「化外の地」とされてきたのです。

むしろ早く台湾に注目したのは、大航海時代にアジアに進出したヨーロッパ勢力でした。彼らは東アジアに進出する為の拠点として、台湾を領有しようと試みたのです。最初に台湾に到達したポルトガル人の船員は、緑豊かな島を見て感激し、「Ilha Formosa（麗しの島）」と叫んだそうです。

この逸話が元となり、欧米では、台湾はFormosa、「フォルモサ」と呼ばれていました。以降、ポルトガル、スペイン、オランダが台湾に進出し、拠点を築いて支配しました。

大陸では明王朝が滅亡し、その遺臣である鄭成功が台湾に逃れ、満州民族主体の清王朝に対抗する政権を樹立した事がありましたが、これも短期間で敗れ、台湾は清王朝の支配下に入りました。しかし、清王朝も台湾を「化外の地」として扱い、積極的に統治しようとはしませんでした。

明治四年、宮古島島民が台湾近海で遭難し、流れ着いた台湾で先住民族に殺害される事件が起きました。明治政府は清王朝に抗議しましたが、清側は「台湾は化外の地である」と答えています。つまり、「国家の統治が及んでいないから宮古島島民殺害の責任は清国政府にはない」と表明しているのです。そこで日本は独力で事態に対処しようと、台湾に軍隊を派遣していますが、清王朝がこれを侵略行為と捉えて抗議することはありませんでした。

台湾に行って驚いた二つの事

平成三十年の十一月二十九日から十二月二日まで、台湾に行きました。台中世界花博を見に行くのが主目的でしたが、現地で驚いた二つの事がありました。その一つは「有料道路」、もう一つは「宮原眼科」です。

有料道路とおぼしき所を車に乗せてもらっていたのですが、いくら行っても料金所らしい所がないので、「ここは無料道路（フリーウェイ）ですか?」と聞くと、「台湾の車には、有料道路のセンサーに反応する小さなワッペン状の物が貼られていて、すべての車が有料道路に入ったら、センサーが反応して必ず課金される仕組みになっています」とのことでした。「世界最先端の有料道路」と、台湾の人は言っていました。

フリーウェイと言えば、私は平成九年に、アメリカのロサンゼルスにYKフローラという現地法人を作り（YKは「よしなりかわせ」の意味です）、一〇一という名前のフリーウェイを、YKフローラの会社の車を運転して活動していました。アメリカのフリーウェイはその名前の通り、フリー（無料）で、車が時速百km以上でバンバン走っていました。松任谷由実さんが「中央フリーウェイ」という歌を唄っていますが、日本の「中央高速道路」はフリーウェイ（無料道路）ではなく、有料道路です。

宮原眼科

もう一つ、その時に台湾を訪問して驚いたのは、「宮原眼科」です。戦前、台湾が日本だった時代に存在した、眼医者の「宮原眼科」の建物に菓子店を開き、店の名前をそのまま「宮原眼科」と名付けて、大繁盛していました。売られているのはケーキやチョコレートなどです。試食してみるととてもおいしいので、お土産に沢山買ってしまいました。同じ「宮原眼科」という名前のレストランも併設されており、食事をしましたが、これまた、どれもおいしくいただきました。

㈱フローラから五十五人が台湾へ

平成二十六年の二月十九日から二十二日までの三泊四日で、㈱フローラから五十五人が台湾に行きました。

平成二十三年の東日本大震災では、世界中から義援金が寄せられましたが、震災発生後一ヶ月間で世界各地から寄せられた三百八十億円の義援金のうち、二百億円が台湾からでした。「ここまで日本の事を思ってくれている台湾へ勉強に行こう」と私が呼びかけ、㈱フローラから五十五人が参加したのでした。

この旅での計画を三つ立てました。

①八田與一さんが造った烏山頭ダムを見学する事。

②「台湾人と日本精神」という本を書いた、蔡焜燦さんのお話を五十五人全員が聞き、その後一緒に夕食を食べる事。

③東北帝国大学教授に転じ、台湾の人々のために研究開発して「蓬莱米」を作った、磯永吉さんと末永仁さんの台北帝国大学（現在の国立台湾大学）の研究小屋を見学する事。

そして、三つの計画とも、五十五人全員が一緒に叶えることができ、とても有意義な旅になりました。

「維新」としての世界最終戦　現代に甦る石原莞爾⑤

大東亜戦争敗戦と石原莞爾

里見日本文化学研究所所長　金子宗徳

敗戦は神意なり

石原は、昭和二十年八月十五日正午の玉音放送を現在の山形県西田川郡西郷村（現・鶴岡市）面野山の忠圓寺で聞いた。その後、自転車が引くリヤカーで約八キロ離れた袖浦村（現・酒田市）黒森の郵便局長・佐藤主殿之介の許を訪ねる。そして、佐藤の願いを聞き入れる形で、石原は竹森寺の本堂に集まった約百人の前で講話を行った。

同日晩、その内容を自身が率いる《東亜連盟》の会員向けに整稿したものが残る。

その冒頭に曰く。

> 敗戦の最大原因は国民道徳の驚くべき低下にあり敗戦は国民をして反省懺悔して国体に対する信仰に徹し（ほとんど全部の自称国体主義者は、敗戦による国体の変革を恐怖せり）、全力を以て最終戦争を準備せしめんとする神意なり。
> 〔石原莞爾平和思想研究会編『人類後史への出発』〕

第二次世界大戦は「最終戦争」に非ず。敗戦を「神意」として受け入れ、「国体」に対する信仰を固め直し、来たるべき真の「最終戦争」に備えよ、というのである。

では、いったい如何なる備えをすればよいのか。

「敵側が如何なる手段を用うるも、間もなく敵の圧迫は排除せられ」ると予測していた石原は、これから十年のうちに、国外における「昭和維新の根本確立」を、対外的には「東亜連盟精神に基づく日鮮支の道義的協同」を目指さねばならぬと主張した。

石原の腹案

そのためには、連合国による占領のダメージを最小限に止めねばならない。

石原は、連合国軍が進駐する前に先手を打つべきと主張する。

(1) 国民輿論による軍閥政治の打倒を実現す。軍は進んで内面より之に策応し、直ちに果敢なる復員を行い、御(軍人)勅諭に反し政治に干与するに至りし罪を天下に謝し、軍備を撤廃す。次代の軍備は今日の陸海空軍と全然異なれるものなること疑なく、一時の撤廃は却って、再建設のため有利なり。

(2) 日本は世界第一の(民主主義)国なることを明かにす。国体は(君主主義)、(民主主義)を超越せる存在なり。日本の民主主義は官憲主義に対するものにして、官僚統制の打倒は刻下の急務なり。

(3) 言論・信仰の自由。特高警察は国民間の取締まりに寄るべく之を不可能とする民族は将来性なきものというべし。〔前掲書〕

ここに挙げられた軍備の撤廃・民主化の推進・自由の保障はポツダム宣言にも謳われているが、傍線部からは、それらを逆手にとって他日を期そうという石原の深謀遠慮が見て取れる。(3)の「特高警察は国民間の取り締まりに寄るべく」という部分は些か分かり難いけれども、「反国体的な思想は官憲の圧力にではなく国民的良識によって淘汰されるべき」と解するのが妥当であろう。

その上で、連合国軍進駐後の方針として、①都市解体農工一体の実現、②簡素生活の徹底、③遺家族・戦災者の救済、という三つの柱を示す。

さらに、平和会議における態度として次のように述べる。

平和会議に於ては毅然たる態度を以て臨む。近代日本の行為は悉く覇道的行為なりしことを天下に謝するとともに、米国の非人道的態度を徹底的に攻撃す。支那に対しては誠意を以て東亜の将来につき談義すべし。東亜新独立国に関してはあくまでその独立を擁護主張す。八紘一宇の大精神に基き、ユダヤ民族をいたずらに排斥するの愚をやめ至誠を披歴して世界の公正なる輿論に愬えしむ。〔前掲書〕

石原は、講和会議の場において日本の立場を主張できると考えていたようだ。確かに、第一次世界大戦後のパリ講和会議では、講和条約案を受け取ったドイツやオーストリアは反対提案を行っている。

また、この時点においても、ナチス・ドイツ高官を対象とするニュルンベルク裁判は始まっていない。ポツダム宣言には「吾等ノ俘虜ヲ虐待セル者ヲ含ム一切ノ戦争犯罪人ニ対シテハ厳重ナル処罰ヲ加ヘラルベシ」とあるが、連合国側が講和会議の前に国際軍事法廷を開くのみならず、「平和に対する罪」・「人道に対する罪」という新しい罪状を設け、敗戦国の指導者を戦争犯罪人として裁こうとしているとは思わなかったのだろう——第一次世界大戦の戦後処理において、戦争を引き起こした罪によりドイツ皇帝であったヴィルヘルム二世を訴追する動きはあったものの実際には行われなかった。

「日本的悪徳」

八月二十八日、『毎日新聞』に「世界文化の達観と心よりの懺悔」と題する石原の談話記事が掲載された。こちらは広く国民全般に向けた発信であり、「反省懺悔」の方向性に関する彼の考えが示されている。

将来において生ずる思想的混迷を予言した石原は、そこから脱却する必要性を説く。

それにしても日本は今後物心両面に亘る恐るべき疾風怒濤時代を迎えるのである。アメリカは自己の善と信ずる生活文化、様式、思想を滝の如く注いで日本をアメリカ化せんとすることは明らかである。それは教育に浸透し、生活を風靡するに至るであろう。それに英国的、ソ連式思想が加わってくる。日本的思想、醇風美俗、世界人心は滔々たる体制に押し流され、寸断されてもみくちゃにされる。私は日本は思想的にどん底まで叩き落されるものと確信する。満州事変、支那事変においても日本国民は目覚めず、大東亜戦争においても未だ精神的に立ち上がらず、その敗戦の惨烈さに遭ってはじめて覚醒するかと思えば未だしの感である。要するにまだ足りないのだ。落ちて落ちてどん底に突きあたりどうにもならぬ時に至ってはじめて民族の魂が究極の拠り所を呼び求めるのである。一陣の清風、それは真に魂が求める時にこそ与えられるべきものである。怒涛よ逆巻け、暴風よ吹け、それはすべて日本人が経験しなければ目覚め得ぬ「民族の禊」であることを私は確信する。

かくの如く私は苦難の中に明るい希望を持つものであるが、日本人が真にこの希望を具現し得るためには二つの条件が必要である。その一つは日本人が心から懺悔をしてその後の清々しい謙虚さをもって再出発することである。我執、我欲、自尊、中傷、嫉妬、縄張り根性など日本的悪徳を葬ることなくして日本の甦りはあり得ぬ。その第二は神の摂理ともいうべき世界文化の過程を達観することである。万物は流転し文化は進展して止まぬ。現在の文化を固定して眺め、進化の実相を把握し得ぬ民族は落伍民族である。〔前掲書〕

石原の予言通り、日本は英米流の資本主義とソ連流の共産主義に振り回された。この予言から約二十年後の昭和四十一年、三島由紀夫は『英霊の声』を発表し、「清純は商はれ、淫蕩は衰へ、／ただ金よ金よと思ひめぐらせば、／人の値打は金よりも卑しくなりゆき、／世に背く者は背く者の流派に、／生かしこげの安住の宿りを営み、／世にときめく者は自己満足の／いぎたなき鼻孔をふくらませ、／ふたたび衰へたる美は天下を風靡し、／陋劣なる真実のみ真実と呼ばれ、／車は繁殖し、愚かしき速度は魂を寸断し、／大ビルは建てども大義は崩壊し／その窓々は欲求不満の蛍光灯に輝き渡り、朝な朝な昇る日はスモッグに曇り／感情は鈍麻し、鋭角は摩滅し、／烈しきもの、雄々しき魂は地を払ふ」と、死者たちに仮託して自らの憤りを語る。

三島の嘆きは、この作品が執筆された高度成長期の日本――福田赳夫により「昭和元禄」と呼ばれた――に向けられたものであるけれども、そこに描かれた光景は石原が言う「日本的悪徳」の表れとも見える。

「どん底」に落ちる勇気

それから四年間、三島は日本人の覚醒を訴え続け、最後は自らの身を以て諌めた。三島の死から五十年、共産主義は力を失い、資本主義に由来するグローバル・リベラリズムが地球全体を覆うかに思われたが、共産主義と資本主義の悪い部分を受け継いだ中華帝国主義が擡頭する。両者が鬩ぎ合う中で、ある者は弱肉強食の市場原理に振り回される日々を送り、ある者は巨大な人口に幻惑されて深入りするに至った。石原の予言から七十年あまり、日本人は落ち続けている。

その理由は幾つか考えられるが、安倍晋三元首相の影響を無視することはできないだろう。首相在任中の彼は、「地球儀を俯瞰する外交」を標榜し、集団的自衛権に関する法制度を整備するなど、中華帝国主義の浸透を牽制する一方、経済連携協定（ＥＰＡ）の締結を推進したり、国家戦略特別区域を全国各地に設置したりなど、グローバル・リベラリズムには肯定的な姿勢を取った。グローバル・リベラリズムか中華帝国主義かという二者択一の図式を前提とするならば、彼の選択は「よりマシ」であり、その手腕も水際立っていた。一方、左派・リベラルは彼を批判したが、中華帝国主義の危険性については無頓着であり、国民の支持を得られるわけがなかった。

逆説的な物言いになるけれども、この「よりマシ」な選択、水際立った手腕が、グローバル・リベラリズムの危険性に対する国民の認識を誤らせたことは間違いない。つまり、「どん底」に落ちぬよう現状を糊塗する能力に長けているがゆえに、国民は「どん底」に落ちず、甦りの機会を失ったのだ。筆者は様々な場でグローバル・リベラリズムの危険性について語り、グローバル・リベラリズムと中華帝国主義を同時に克服することの重要性を説いてきたが、残念ながら国民的な理解を得るには至っていない。

しかし、石原が説くように万物は流転する。

武漢を発端とする新型コロナ感染症が世界的に拡大する過程で、中華帝国主義の隠蔽体質が明らかになると共に、グローバル・リベラリズムが機能不全を起こした。その上、グローバル・リベラリズムの影響の強いウクライナにユーラシア主義の影響を受けたプーチンのロシアがウクライナに侵攻する。その結果、グローバル・リベラリズムか中華帝国主義かという二者択一の図式じたいが揺らぎつつある。

そうした状況下、安倍元首相が兇弾に斃れたことは極めて象徴的だ。事ここに至って、グローバル・リベラリズムか中華帝国主義かという「現代の文化」に拘り続けることは愚の骨頂である。いずれかに縋りつくのではなく、「進化の実相」を見据えて「どん底」に落ちようではないか。そして、「民族の禊」を経て甦りを期そうではないか。

高風無窮（四）

今生に発心せずんば

一般社団法人日本経綸機構代表理事　森田忠明

過去の体験ごとなり自他のさりげない開口場面とか、外国での平凡な路上風景とかが、何とはなしに能裡をよぎる、これはたれにだつてあるだらう。

古い洋画「追憶」「カサブランカ」等はまた見たい念がしきり起つてゐる。けれどくる日もくる日も、その擒《とりこ》となつたやうなあんばいで現《うつ》つはそつちのけ、かかる回想にのみ余念がないとすれば、その程度、重症といふべきか。

思ふに、かうして生きてくると、日常は喋ること、聞くこと、考へることに尽きはしないか。簡単といへば簡単、単調といへば単調だ。

だがどつこい、これが終始生きる基本型であつてみれば、よほど真剣にかつ深刻にならざるを得ない。そりやしくじりもし、必ずしも意に副つてくれぬ場合もある。有頂天になるときもあれば、蹉跌への身震ひの止まらんことの覚悟をしておく必要も生じよう。一筋縄ではゆかぬから、後者、こればかりはどうしやうもない。

過日、新宿からの特急発車間際、乳母車に赤児を坐らせて乗り込んできた若夫婦に遭遇。女房が喋喋喃喃、小止《をや》みなくひつきりなしに捲し立て始め、旦那は至つて常識的。わが隣席にてこの調子だから、さすがに書物を広げてゐた筆者も途中、読書がお手上げ状態に。何を話題にしてゐたか知らんが、途中下車してくれたからよかつたものの、世のなかいろんな擒が構成してゐて辟易、侮りがたいとの感を深うした。

質疑応答といふのが、講演、講話の終了後よく行なはれる。問ふ側、答へる側は聴衆の手前、だらだらと遷延して要を得ないんでは閉口する。喋喋も喃喃もまた禁じ手。そもそも聴衆みながひとしく時間を共有してをり、大なる関心もあらうから、代表選手発言が変哲もなかつたり、こむづかしい理窟をこねたりの代物であつてはいけない。ただ、わかつた振りも、恥づかしいの言葉少なも駄目。

たとひ千里の馬なりとも

「只だ須く先づ我を忘れ、人の言はん事を好く聞いて、後に静かに案じて、難もあり不審もあらば、逐ても難じ、心得たらば、逐て帰すべし」

「参師聞法《もんぽふ》（師の法筵に参じて拝聴）の時、能々《よくよく》窮めて（よく追究して）聞き、重ねて聞いて決定《けつじやう》（明確に納得）すべし。問ふべきを問はず、言ふべきを言はずして過《すぐ》しなば、我《わが》損なるべし。師は必ず弟子の問ふを待《まつ》て発言《ほつごん》するなり。心得たる事をも、幾度《いくたび》も問《とう》て決定すべきなり。師も弟子に能々心得たるかと問て、云ひ聞かすべきなり」

いまどき、質問に対する回答のなかで、叮嚀に「能々心得たるかと問」ふ師はゐない。万事あつさり、が主流となつてゐるがごとし。仏法と、国際情勢や国防、経済、文学その他の諸問題とでは、掘下げの方法において、おのづから差異があるであらう。

だいたい質疑応答には時間制限があり、一同が心底わかるまでといふのは、どだい無理。一知半解のまま散会するのが落ちか。

千里の馬（一日に千里を走る駿足の名馬）の話。

「唐の太宗（第二代皇帝、李世民）の時、異国より千里の馬を献ず。帝、是を得て喜ばずして自ら思はく、『直饒《たとひ》千里の馬なりとも、独り騎《のつ》て千里に行くとも、従ふ臣下なくんば、其詮なきなり』。因《ちなみ》に、魏徴を召《めし》て是を問《とふ》。魏徴云《いは》く、『帝の心と同じ』。依《よつ》て彼《か》の馬に（返礼の）金帛《きんぱく》を負《おは》せて還《かへさ》しむ」

駿馬に騎つてゆく行き先は敵陣、敵地としよう。帝王ただ一騎、臣下を遠く引き離してまつしぐらに敵地深く攻め入つたとて、何ほどのことができようか。帝王に致命傷を負はせてしまつては元も子もない。いかに伯楽がゐようとも、その眼に適ふ駿馬にして、一頭や二頭では、否、たとひ百頭選り出すに成功したとしても、何かの役には立たうが、如上大勢に重大なる影響をもたらすには至るまい。

「帝、猶ほ身の用ならぬ一物をば持《もた》ずして是を還す。況や衲子《のつす》（禅僧）、衣鉢の外の物、決定して（まつたく）無用なるか（要らんだらう）。無用の物、是を貯へて何かせん。田苑荘園等を持する事を要とせず。只一切の国土の人を、百姓眷属《はくせいけんぞく》とす」

帝王でさへ役に立たぬ物を返された。まして修行者は衣鉢のほか、無用の物を貯へて何とする。修行の邪魔にならうぞ。田畑、荘園の所有なぞ不必要、国土の一切の人びとを、自分の領地の民、自分の一族の者と考へて、専心一意、修行に励め。

帝王ほか世間の話題、全部が全部、世俗のことに属する。あくまで「学道の人」らへの教へとなつてをり、前もつて眼を見開いてをらねばならん。

さうして筆者がいふところの、斯道を歩む者の姿勢と覚悟、として受け取るのである。

おもふほど易しからざるこれの世やわれはわれはの人等ともしも

己見を存せずして

人に、志は枉《ま》げずに遜《へりくだ》るのは、美徳のひとつだとは知つてきた。謙譲ともいふが、何もおのれが無に帰するわけでなく、五体、自分は元のまま。同じなら無意識裡に、優雅なる遜りが身につくのを所望する。

氏より育ちといふ。出自、職業、学歴、財産といつた外物をもつてしては人の価値、的確には計れない。計らうとしては往往失敗する。何を基準に計るのか。頭脳の冴え、頭角を現はすとか、澱みなき発語力なんぞは二の次三の次。

このへんを説いては、

「仏々祖々（み仏たちも祖師たちも）、皆本《もと》は凡夫なり。凡夫の時は、必ず悪業もあり、悪心もあり、鈍もあり、癡《ち》（愚か）もあり。然れども皆改ためて、知識（立派な師）に従がひ、教行《けうぎやう》（仏法の教へ）に依《よ》しかば、皆仏祖（仏、祖師と）成りしなり。今の人も然るべし（さうなくてはならぬ）。我が身、おろかなれば、鈍なれば、と卑下する事なかれ。今生に発心《ほつしん》せずんば（志を立てなかつたなら）、何《いづれ》の時をか待べき。好むには必ず得べきなり（求めれば必ず得られる）」

野心の語、いったいどのあたりに位置づけられるか。物の本には、欲心の流露だ、若いときはあるのが当然だ等、まちまち。『今昔物語集』には、極楽をめざすからには経を唱へつづけるが秘訣だと、いそいそと合唱に打ち込む男女がゐたりして、読むはうが仰天させられる。筆者は若かりしころ、呪《まじな》ひには懼らなかつたはうなんだが、異様さだけは堪能した。

「俗の帝道の故実《こしつ》（模範とすべき心得＝基本）を言《いふ》に云く、『虚襟《きよきん》（心むなしく胸を開いてゐる）に非《あらざ》れば、忠言を入れず（容れられぬ）』、言《いふこころ》は、己見《こけん》を存せずして、忠臣の言《ことば》に随《したが》つて、道理に任せて帝道を行なふなり。衲子の学道の故実も、又如是《かくのごとく》なるべし。若《も》し己見を存せば、師の言《こと》ば耳に入らざるなり。師の言ば耳に入らざれば、師の法を得ざるなり。又只法門の異見を忘るるのみに非ず、又世事を返して（俗世のことを持ち込まず）、飢寒等を忘れて、一向に身心《しんじん》を清めて聞く時、親しく聞くにてあるなり。如是聞く時、道理不審も明《あきら》めらるるなり。真実の得道と云ふも、従来の身心を放下《ほうげ》して、只、直下《ぢきげ》に他に随ひ行けば、即ち実《まこと》の道人にてあるなり。是れ第一の故実なり」

帝王が忠臣の諫言に虚心に耳を傾けるやうに、学道者も師の一言一句を一途に聞いて従ひゆくべきを説くのである。そのときまで、たれしも有象無象が脳裡に蓄積してゐる。いままでの身心一切を放擲して坦懐の心持になつて素直に聞け、といふのが道元の教への根本にあるのがわからう。その根本さへ揺るがねば、あとの成行きは推して知るべし。

一般に、知識をより多く得るのが推奨される。この言ひ方、じつは紛らはしさを秘める。何でも彼《か》でも百科自彙よろしく知つてをるのが水準を高めるとあらば、常時聞き見て溜め込んでゆけば目的は達成される。冒頭ふれた「考へること」が加はらねばならぬ。それのみでよいか。自制と自省を欠いては棒に振る。一生を棒に振つてしまつては親にも先祖にも申開きが立たんだらう。両者、欠かし得ない。

自制と自省、どこからくるか。まさか天は折よくは降らせまい。いづれにも「自」とあるなう。

振出しにもどれの言《こと》をいくたびか救ひの神とかしこむわれは

愛郷心序説 ⑨

「みことのり」に示されたまつりごとの基本

奈良県御所市議会議長　杉本延博

参院選期間中に安倍晋三元総理が銃撃を受けて亡くなるという事件が起きた。また前回のNHK党、れいわ新選組に続いて、今回は参政党という国政政党が新しく誕生した。こうした流れのなかで、はっきり言えることは、既成政党にたいする国民の不信、疑念が、想像以上に膨らんでいるということ。そのことに政治家は気づいていないということ。

夢や希望や誇りが持てず、何も変わらない退屈な世のなかの流れが、少しずつではあるが維新革新の激流のうねりを起こそうとしているのであろうか?

「戦後維新か?それとも滅亡か?」我が国は急激に大きな維新革新の転換点に舵を切りだすだろうと直感した。

そろそろ真の日本を回復する狼煙の声が、運動の動きが、左右を問わず体制変革の新しい思想が芽生えはじめてくるだろう。いやそうあるべきなのだ。

今年で戦後も77年目。もういいかげん戦後体制を支える占領憲法、日米安保条約を乗り越えて、アメリカべったりの従属体制から真の独立主権国家に戻らなければならない。また奪われた領土の回復、北朝鮮による日本人拉致被害者の救出、失われた正しい歴史観の再興など、多くの戦後諸課題と真剣に向き合い解決していかねばならない。このままの状態が続けば日本が日本でなくなってしまう。まさに崖っぷちに追い込まれているのだ。

さて話を本旨に戻そう。選挙をみていていつも思うこと。それは現職政治家に有利な選挙制度になっていることだ。

例えば衆議院議員選挙の比例復活制度。勝敗率が僅差であれば落選していても復活できること。ある意味、現職が有利な保険としかみえない。落選は落選だ。ゾンビじゃあるまいし比例復活なんていらないだろう。小選挙区制度はいらない。中選挙区制に戻すべきだ。また参議院もいらないと思う。一院制にして量より質の高い国会へ大胆に改革するべきではないだろうか。そうか各職能代表で構成されたコーポラティズム（協同主義議会）でも良いかもしれない。いずれにしても、痛みは地方や庶民に押し付けてくる。多くの地方議会では、議員年金の廃止や定数、報酬削減を行ってきた。日本国のマツリゴトを執り行う中央こそ大胆な政治・選挙改革を行って模範を示していくべきではないか。

体制が変わればすべてが良くなるのだろうか？体制や制度だけではなく心と精神の変革も必要なのだと思う。

心や精神とは何か？それは日本民族として必要な矜持、思想である。日本の国柄は「一君万民」「君民共治」。日本のマツリゴトの要諦は「国平かれ、民安かれ」。これらの思想に基づいたマツリゴトが執り行わなければならない。勿論、世界には世界各国の民族精神に基づいた政治が執り行われていることはいうまでもない。

我が国の国柄である「一君万民」「君民共治」のまつりごとの基本は、歴代天皇の「みことのり」に現れていると考えている。歴代天皇は「国安かれ、民安かれ」と世界の平和、国民の安寧をお祈りあそばされている尊い御存在である。その大御心をマツリゴトに実現してこそ世の平和が実現するのである。そのため、すべての国民が、適材適所において大いに実力や能力を発揮して、民族共同体の発展と国民生活の向上に寄与していくことがもとめられるのだ。なかでも日本の政治の舵をきる為政者にもとめられることは「無私の心」。

自分に関係する団体や階級の利益誘導や意見反映に力を注ぐのではなく、「無私の心」に基づいた民族共同体や全国民への公な奉仕の心であろう。

第26代継体天皇が「明哲の士を挙用し惟神の大道を宣揚し給うの詔」のなかで「私利私欲がなく節度を守る人を推挙して、大いなる道を宣揚し、徳化を宣布していこう」と仰せになられている。無私な心を持つ賢人をマツリゴトの場に採用することで、大いに力が発揮されて、正しい日本のマツリゴトが成就するとのことだ。まさに素晴らしい御教えである。

こうした日本的正論に基づいた政治の大胆な改革を敢行して、為政者の資質を向上でき推挙できるような制度が構築されれば、「国平かれ、民安かれ」のマツリゴトが成就されて、世の平安がおとずれるのだといいたい。

戦後体制を脱却して真の日本再興に向けて、どのようなマツリゴトを実現すればよいのか？歴代天皇の「みことのり」のなかに、日本民族共同体の思想的御教えが現れていると考えている。次号にて、その考えを記していく。

いにしへのうたびと　第六回

大伴家持の美意識と苦悩　余話

歌人　玉川可奈子

清の美

平泉澄先生は「日本精神発展の段階」（『国史学の骨髄』錦正社　所収）の中で、

上代（筆者註・飛鳥、奈良、平安時代）の特色は畢竟《ひっきょう》いかなる点にあつたか。一言にしていへば、それは美の追求にあつた。

と書かれました。さらに、万葉学者の久松潜一氏は、

『万葉集』は、人間と美が一体となっています。（中略）『万葉集』の美を清の美、明の美、直の美で表すことができます。清の美は純粋感情の美であり、明の美は知性の美であり、直の美は意志の美であるといえるのです。

（『万葉集入門』講談社現代新書）

といはれました。つまり、『万葉集』の歌は美であり、その美は清く、明るく、直きものであるといへませう。そして、多くの歌を『万葉集』に遺した家持自身を読み解く眼目（キーワード）は、「清」の一字で表せるのではないでせうか。

この「清」を表現した歌が次の一首です。

剣太刀《つるぎたち》　いよよ磨《と》ぐべし　古《いにしえ》ゆ
清けく負《お》ひて　来にしその名ぞ（二十・四四六七）

意は、「剣太刀を磨ぐといふのではないが、心をより磨ぎ澄まして張りつめるべきだ。遠く遥かなる御代から紛れもなく負ひ持つて来た大伴の由来高き名なのだから」です。三句目の格助詞「ゆ」は、「〜から、〜以来」といふ起点の意です。

この歌が詠まれた背景は、原文の左註に示されてゐるやうに、淡海三船《おうみのみふね》の讒言《ざんげん》によつて、大伴氏の年

長者である大伴古慈斐《こしび》が出雲守を解任されたことにあります。

ちやうど、天平勝宝八年（七五六）五月二日に聖武天皇が崩御されてから、八日後の五月十日のことでした。古慈斐は三日後に放免されました。この事件がきつかけとなり家持が、参議兄麻呂、左大弁古麻呂、主税頭御依ら一族を喩《さと》す一首として、六月十七日に長歌一首と反歌二首を詠んだのです。四四六七番歌はその反歌です。

しかしながら家持は同じ日に、「病に臥して無常を悲しび、道を修めむと欲《ねが》ひて作る」、「寿《いのち》を願ひて作る」としてそれぞれ次のやうに詠んでゐます。

渡る日の　影に競《きお》ひて　尋ねてな
清きその道　またもあはむため（二十・四四六九）

（空を渡る日の光に負けず日々勉めて尋ね求めたいものだ。清らかな悟りの道を。再びあの聖武天皇の佳き世に出会ふために）

水泡《みつば》なす　仮れる身ぞとは　知れれども
なほし願ひつ　千年《ちとせ》の命を（二十・四四七〇）

（水粒のようなはかない身だとは充分に承知してゐるが、それでも願はずにはゐられない。千年の命を）

当主として一族を力強く喩す反面、仏道に心を寄せ、千年の命を願つてもゐます。強さと脆さを兼ねつつ、しかしその根底には「清さ」がありました。この人間臭さも家持の魅力といへますね。

なお、彼の一族への喩しは、効果が見られなかつたやうです。それは天平宝字元年（七五七）の橘奈良麻呂の変に際し、大伴古麻呂、古慈斐、池主らが事件の当事者に含まれてゐたからです。そして、藤原氏の勢力はいよいよ強くなつていきました。

万葉最後の歌

天平宝字二年六月十六日、家持は因幡《いなば》守となりました。そして同年七月五日に大原今城真人《おおはらのいまきのまひと》の宅にて、

秋風の　すゑ吹き靡く　萩の花
ともにかざさず　あひか別れむ（二十・四五一五）

（秋風が吹き靡いてゐる萩の花。その花をかざすこともなく、お互ひに分かれてしまふのか）

と詠み、親しい人たちとの別れを惜しみました。

明けて天平宝字《てんぴょうほうじ》三年（七五九）となりました。八月には淳仁《じゅんにん》天皇の御代となり、藤原仲麻呂はますます権力を強めていきます。家持は四十二歳。そして『万葉集』の最後の歌が、因幡国の国庁（鳥取県岩美郡国府町）における正月の宴《うたげ》の席にて詠まれました。

新《あらた》しき　年の始めの　初春の
今日降る雪の　いやしけ吉事《よごと》（二十・四五一六）
（新年の初め、この初春の今日、降る雪のやうにいよいよ積もれ、よき事よ）

家持は『万葉集』に天平五年（七三三）、十六歳の頃に詠みました、

振り放《さ》けて　三日月見れば　一目見し
人の眉引《まよび》き　思ほゆるかも（六・九九四）

から二十六年間、四百七十九首の歌を遺しました。それから延暦四年（七八五）八月二十八日に六十八歳で薨《こう》ずるまでの二十七年間、家持の歌の記録はどこにも伝はつてゐません。

正月の大雪は豊年の瑞兆《ずいちょう》とされ、家持と親交があつた橘諸兄《もろえ》と天平十八年（七四六）の正月に元正上皇の詔《みことのり》に応じて各自詠まれた中の葛井諸会《もろあい》の一首にもその用例が見られます。

新しき　年の始めに　豊《とよ》の年
しるすとならし　雪の降れるは（十七・三九二五）
（年の初めに、今年の豊の年をはつきり示してゐよう。こんなに雪が降り積もつてゐるのは）

さて『万葉集』最後の歌は、大変めでたい歌ですが、詠まれた背景を知るとどうでせうか。

まず因幡守といつても、かつて国守をつとめた越中国よりも格が低く、家持としても決して晴れ晴れとした心情ではなかつたでせう。それに、理解者である諸兄（天平宝字元年＝七五七年薨）も、もうこの世にはゐません。しかも、大伴家の当主として、これから藤原仲麻呂《ふじわらのなかまろ》（恵美押勝《えみのおしかつ》）が勢力を伸ばして行く中にあつて衰退しつつある家名を背負つてゐるといふことなど。かうした多くの苦悩と重荷の中で、家持は将来の予祝を込めたこの歌を詠んだのです。

なお、この転任については、天平宝字元年の橘《たちばな》奈良麻呂《のならまろ》の変にかかはる左遷ではないかともいはれてゐます。

しかし、家持は三年半後の天平宝字六年に信部《しんぶ》（中務《なかつかさ》）大輔となり復京します。

その後の家持と古今和歌集

その後、薩摩守、大宰少弐、民部少輔を経て家持は宝亀二年（七七一）に従四位下に昇進します。さらに伊勢守などを経て、同十一年には参議となりました。さらに桓武天皇の御代、天応元年（七八一）には従三位に昇り、延暦二年（七八三）には中納言に任命されます。皇太子親王の東宮大夫も兼ねました。そして、延暦四年に薨去します。享年六十八歳でした。

しかし薨後間もなく、藤原種継《たねつぐ》暗殺事件に関与してゐたとされ、埋葬を許されず、官籍からも除名された上に、子の永主《ながぬし》も隠岐《おき》国に流されました。やがて大同元年（八〇六）、桓武天皇に許されて従三位に復することができました。

私はこのことを、冤罪だと考へてゐます。それは、家持は持節征東将軍の地位にあり、その死が陸奥国であると考へられること。さらに種継一人を暗殺したところで、大伴氏の勢力挽回にはつながらないからです。それに一族の軽挙妄動を喩す家持に、暗殺のような大胆な発想は考へられません。

そして、家持薨去から百二十年後、醍醐天皇《だいごてんのう》の御代。延喜五年（九〇五）頃に『古今和歌集』が成立します。その巻頭の歌は在原元方《ありはらのもとかた》による、

年のうちに　春は来にけり　一年《ひととせ》を
去年《こぞ》とや言はむ　今年とや言はむ

という歌であり、一首の意味は「年の内に春はやつてきた。この一年を去年と言はうか、それとも今年と言はうか」です。この歌は、家持の歌に応へる形で詠まれたものでせう。紀貫之《きのつらゆき》らも、『万葉集』の存在を強く意識してゐたと思はれます。故に、元方の歌を『古今和歌集』の最初の歌に置き、心を一貫させたのではないでせうか。

家持は自身の遺した歌の如く清く生きました。そしてそれ故に今もなほ、千年の命を生きるのです。

在宅医療から見えてくるもの
西洋近代文明の陥穽とその超克⑦

「科学万能」の幻想

医師 福山耕治

グリット（GRIT）

あなたには「やり抜く力」があるだろうか？ ダイエットや筋トレや日記などが「三日坊主」で終わってしまわないだろうか？ 同じ才能や素質があってもこの「やり抜く力」の違いによって成功する人と成功しない人がいると言う。「やり抜く力」こそが才能であると言う人もいる。いずれにしても近年「やり抜く力」がグリット（GRIT）と呼ばれて成功者の必須条件として重要視されている。グリット（GRIT）とは、Guts（闘志）、Resilience（粘り強さ）、Initiative（自発）、Tenacity（執念）の4つの頭文字をとった言葉である。有名なプロスポーツ選手、例えばメジャーリーグで実績を残しているイチロー選手や大谷翔平選手などを思い浮かべれば「やり抜く力」＝グリット（GRIT）がいかに重要か理解できるだろう。

　ではどうやったらグリットを高めることができるだろうか？ それは、①楽観的なストーリー（ナラティブ）を持つことだったり、②退屈をなくす工夫をすることだったりする（本稿で伝えたいことはこの部分ではないのでこれらの方法の詳細については割愛する）。

　しかし、もしもグリットを高めることができたとしても必ず幸せになれるとは限らない。果たしてそれが達成可能なのか？ という問題がある。もしも達成不可能な目標を設定していたとしたら悲惨な結果が待っているだろう。どこかで見切りをつけなければ、時間や労力やお金が無駄となり自分自身や周りの人が不幸になってしまう。

明らかに究める＝諦める

誰しも「諦める」という言葉には余り良いイメージがないだろう。しかし、達成不可能な目標に対しては「諦める」ことが必要になる。

一番分かりやすい例えとしては「死を回避する」ということが挙げられる。一部の例外的な状況を除いて、人は皆「死を回避する」ことを望んでいる。誰だって死にたくない。しかし最終的に死を回避できる人はいない。いくらグリットを高めたとしても達成することはできない。もっというと「老病死」の3つは全て回避することができない。誤解のないように強調しておきたいことは、筆者は「老病死」を回避するためにグリットを高めること自体を否定しているわけではないということだ。言いたいことは、いつかはどこかで「諦める」ことが必要になるということだ。そして「諦める」ということは必ずしも悪いことではない。

作家の五木寛之さんによれば「諦める」ということは「明らかに究める」ことであって、ある意味ポジティブなことであると言える。「受け入れる」と言い換えても良いかもしれない。グリット＝「やり抜く力」も重要である一方、この「明らかに究める力」＝「受け入れる力」も同時に重要である。もっと言うとこの相反する2つの力のバランスがもっとも重要と言える。これは人生においても医療においても当てはまる。

ラインホルト・ニーバー牧師の言葉

かの有名な元聖路加国際病院院長の日野原重明先生が2000年に出版された『道を照らす光—私が学んだ人と言葉』という本には、ラインホルト・ニーバー牧師の言葉が引用されている。キリスト教徒であった日野原先生らしい言葉だ。在宅医療関連の本にも近年良く引用されている。

「神よ、変えることの出来るものについて、それを変えるだけの勇気を我等に与え給え。

神よ、変えることの出来ないものについては、それを受け容れるだけの落ち着きを与え給え。

そして、変えることの出来るものと、変えることの出来ないものとを、見分ける知恵を授け給え。」

1文目はグリット＝「やり抜く力」について、2文目は「明らかに究める力」＝「受け入れる力」について、

3文目は相反する2つの力のバランスのとり方（見分ける知恵）について述べられている。

神から勇気や落ち着きを与えられたり知恵を授けられたりしてもらえるかどうかは別として、人生においても医療においてもこの言葉通りにやっていけたなら間違いなく正解と言えるだろう。この言葉が結論と言って良いかもしれない。ただし実際のところそう簡単にはいかない。

希望と現実の間（はざま）

新聞を拡げれば、テレビをつければ、スマホのニュースアプリを開けば、「健康」や「医療」に関する情報が目に入る。特に長生きをしたいという願望が強いわけではないと自分で思っていてもついつい見てしまう。情報を発信している人たちの思う壺だ。

最新の検査、最新の治療、最新の薬、スーパードクター、奇跡の生還、驚異の健康法…。昔は治らなかった病気が今の時代には治るようになっている…。そんな気になる。確かにそういった例は枚挙にいとまがない。

例えば、筆者が少年時代を過ごした昭和の時代には、白内障は「失明に至る不治の病」であった。ドラマで登場人物の白内障が判明するシーンは場面の白黒が反転するほどの衝撃的なシーンであった。ところが令和となった今日、白内障は日帰りの負担の少ない手術でいとも簡単に治ってしまう。テクノロジーの進歩のせいで過去のドラマ作品が滑稽に感じられてしまうことだってある。

このように現代医療の日進月歩の目覚ましい進化によって不可能が可能になってきた。不可能が可能になったことは素晴らしいことであり多くの人の幸せをもたらしたことは言うまでもない。だが、過去の不可能が現在は可能になったといっても全てが可能になったわけではない。

ここで言いたいことは、一部の不可能が可能になったことにより「科学万能」の幻想に囚われてしまう、ということだ。テクノロジーの加速度的な進化を目の当たりにすると希望と現実の境界線が曖昧になってくる。実際はそうでなくても「現代の高度医療をもって治療すれば何とかできるはず」という思いになってしまう。テクノロジーの恩恵を受け豊かで便利な生活を送りながら「科学万能」の幻想を抱き「老病死」について はひとまず先送りにして生きている。「老病死」を何となく「変えることの出来るもの」と捉えてしまう。「自然の秩序として「老病死」が迫ってきているのだから受け入れよう」とは考えにくい世の中を生きている。グリットが強く社会的成功を収めた人がそのグリットの強さゆえに「明らかに究める」べき時を超えて「老病死」に抗い続けるということもある。「見分ける知恵」を得ることはテクノロジーの進化ゆえに却って困難になっているとも言える。

左様なら（さようなら）＝もしもそうであるならば

繰り返しになるが「老病死」は進化した現代医療をもってしても最終的には回避できない。「老病死」は「変えることの出来るもの」とは言えない。変えることが出来ることがあるとしたらそれは「多少の先送り」くらいだ。科学は万能ではない。では本当に「変えることの出来るもの」とは一体何だろう？ それは、「人生の充実」や「心の穏やかさ」ではないだろうか？ 在宅医療に従事し多くの「老病死」と出会い、本当にグリットを高めるべきはこの部分ではないかと気付いた。

西洋近代文明の陥穽、それは「科学万能」の幻想である。現代の進んだテクノロジーが希望と現実の境界線を曖昧にしている。明らかに究めなければいつまでも老病死の回避にグリットを高めてしまう。そこだけに心を奪われてしまうと「人生の充実」や「心の穏やかさ」を得ることはできない。

日常生活の中で別れのつらさを紛らわせるために使っている言葉がある。「もしもそうであるならば」＝「左様であるならば」＝「左様なら」＝「さようなら」。もしも別れなければならないとしたら…。もしもそうであるならば…。それはつらいことではあるが一旦は受け入れる。それでもなおつらいのだけれど頑張って受け入れる。そしてうつむかず顔を上げて次の一歩を踏み出す。その時に口にする言葉が「さようなら」。これまで何度口にしてきただろう。

生者必滅・会者定離…。生まれたものは死ななければならない。出会ったものは別れなければならない。もしもそうであるならば…。受け入れて、うつむかず顔を上げて、一期一会を大切に生きて行かなければならない。

秋田の先賢—平田篤胤と中山菁莪

崎門学研究会会員　廣木　章

「木曾路はすべて山の中である」ではじまる島崎藤村の小説は『夜明け前』であるが、この小説が幕末維新期の国学運動を描いたものであることは、意外と知られていない。「国学」といえば、『古事記伝』を著した本居宣長のことがすぐに連想されようが、宣長の後継者である平田篤胤の名も忘れてはならない。『夜明け前』では、主人公の青山半蔵が、篤胤の『古道大意』や『霊能真柱《たまのみはしら》』といった著作を繰返し紐とく姿が描かれている。

平田篤胤の故郷・秋田

平田篤胤の生涯を知るためには、先ずは彼の養子である平田鉄胤《かねたね》が記した「大壑君《たいがくくん》御一代略記」をみる必要がある。それによれば、篤胤は安永五（一七七六）年に秋田・久保田城の城下町で生れたという。久保田城跡は、現在千秋《せんしゅう》公園として整備されており、秋田駅のほど近くにある。

この千秋公園内には、彌高《いやたか》神社という神社がたっており、そこには平田篤胤とその門人の佐藤信淵とが御祭神として祀られている。そもそも、篤胤は江戸を主な活動場所としていたのだが、六六歳のときに、幕府から著述差止めと、国元秋田への退居命令を受けることとなり、その二年後に秋田で没している。そのため、篤胤の墓は現在も秋田市内にある。

筆者は本年七月三十一日、秋田へ訪れる機会があり、その際に平田篤胤の墓と彌高神社とに参拝することができた。篤胤の墓は、普通の角ばった墓石とは違い、丸みのある自然石が用いられていた。その表には「平田篤胤之奥墓」と刻され、裏には「天保十四年癸卯閏九月十一日」とのみ記されている。宣長のいた伊勢の方角に向けられているというその墓石には、素朴な美しさがある。

平田篤胤之奥墓

彌高神社が創建されたのは明治になってからであるが、社殿には江戸時代後期に建造されたものが用いられており、境内には厳かな空気が漂う。拝殿の向かって右側には、篤胤の「青海ばら潮の八百重の八十國に、つぎて弘めよこの正道《まさみち》を」（『霊能真柱』奥書）という歌の石碑もたつ。

平田篤胤の師・中山菁莪

さて、先に挙げた「大壑君御一代略記」の天明三（一七八三）年の項には、篤胤八歳のこととして「儒家中山青莪《せいが》先生と云人に随て、漢学を始め玉ふ」と記されている。この中山青莪（菁莪）は、山崎闇斎―浅見絅斎―若林強斎と受け継がれてきた崎門学の系譜を継承する人物である。

中山菁莪先生墓誌

菁莪の祖父にあたる中山専庵は、出羽国生保内《おぼない》の出身で、京都に遊び浅見絅斎のもとで学んだ。それ以来、崎門学が中山家の家学となり、菁莪も若い頃から学問の研鑽に励んだ。後にその才能が認められ、菁莪は秋田藩（久保田藩）に仕えるようになったが、仕官してからも、江戸にて崎門学派の小野鶴山（絅斎―若林強斎―鶴山）から教えを受けるなどして、道学の研究を怠ることがなかった。

その後菁莪は、藩校である明徳館の初代祭酒（館長）となる。内田周平氏によれば、明治戊辰の役において、秋田藩が勤王の側に立ったのは、菁莪によって秋田に移入された崎門学が藩士を陶冶したことによるものであるという（『崎門の学風』）。

中山菁莪の墓は、秋田市の中心部からやや北に位置する五庵山の山中にある。碑文は風化して読めなくなっているが、その写しを刻した石碑が墓の傍らに新たに建てられている。墓碑銘の撰者は山口菅山といって、梅田雲浜や有馬新七といった幕末の志士たちの師にあたる人物である。本稿の最後に、菁莪の伝記からその人物をしのばせる一節を紹介する。

「先生の鶴山に学ぶや、館林侯秋元氏、老中に任ぜられ、鶴山を聘して其の講説を聴かんと欲す。鶴山、老を以て辞し、先生に勧め、代りて往かしめんとす。先生曰く、某《それがし》藩恩を蒙り、幼主の在るあり、敢て他君に見えず、と。其の義利を弁じて自ら守るの堅きこと、大率此の如し」（『遠湖文髄』巻三）

【書評】

『追跡！謎の日米合同委員会』

吉田敏浩 著
毎日新聞出版刊
1,980円（税込）

「占領政策は終わったが、アメリカの政策は一挙に日本から引揚げて行ったのではない。その占領政策は別のかたちで日本に継続された。それは日米安全保障条約（旧安保）によって具体的に示されている」

日米安保の本質をずばりと衝いたこの文章が書かれたのは、最近のことではない。今から60年以上も前の昭和36（1961）年のことだ。この一節は、松本清張が『文藝春秋』に政治情報小説『深層海流』を連載し、その後書きとして書いたものである。

「アメリカによる占領政策は今も続いている」という認識が、対米自立を目指す上で極めて重要なのではないか。

本書は、この清張の先駆的洞察に光を当てている。著者の吉田敏浩氏は『「日米合同委員会」の研究』（2016年）以来、日米合同委員会の調査研究をリードしてきた。

「GHQという、占領下日本での最高権力のもと設置されたのが、日米合同委員会の出発点だ。米軍の要求が絶対だった占領下の日米の力関係が、この組織の基底に刻印されている」（119頁）。

「日米合同委員会は、米軍の占領時代からの特権を維持するとともに、変化する時代状況に応じて新たな特権を確保してゆくための政治的装置、密約機関といえる。つまり米軍が、日米合同委員会における日本の高級官僚との密室協議の仕組みを利用して、事実上の治外法権・特権を日本政府に認めさせるという一種のシステムがつくられている」（9頁）。

日米合同委員会の本質を見事に言い当てている。
合同委員会の日本側代表は外務省北米局長、アメリカ側代表は在日米軍司令部副司令官。日本側代表代理は法務省大臣官房長、農林水産省経営局長、防衛省地方協力局長、外務省北米参事官、財務省大臣官房審議官、アメリカ側代表代理は駐日アメリカ合衆国大使館公使、在日米軍司令部第五部長、在日米陸軍司令部参謀長、在日米空軍司令部副司令官、在日米海兵隊基地司令部参謀長で構成される。

月に2回会合が開催されており、1回はニュー山王ホテルで、もう1回は外務省が設定した場所で開かれる。この場で、米軍の特権が作り出されているのだ。例えば、「墜落事故の被害者らが損害賠償を求める裁判において、米軍が利益を損なう情報の提供あるいは証人の出頭を拒否できる特権」も合同委員会の合意に基づくものだ。

米軍は、1都9県にまたがる巨大な空域を管理している。この横田空域も日米地位協定で規定されているわけではなく、日米合同委員会の合意に基づいて決められている。しかし、合同委員会でいかなる合意が交わされたのかを国民は知ることさえできない。合同委員会の議事内容は原則非公開で、国会議員にも秘匿されているからだ。

実は『深層海流』においても、清張は独自に入手した内閣調査室（現内閣情報調査室）の極秘文書をもとに、日米合同委員会の存在に言及していたのである。日本の空が米軍に支配されている現実についても、清張は迫っていた。

「日本の空は、ひきつづき日本国のものではない。（昭和）三四年七月……ようやく、［航空］管制本部が日本に移管され、形式的に日本の空となったかに思われるが、それには、日米行政協定の付属書によりまだ大きな制限が加えられている」

清張が早い時期に日米安保の正体を見抜くことができたのは、公安関係の人間から極秘文書を入手できたからでもある。実際、彼が下山・松川・帝銀事件など占領下の日本で発生した怪事件の謎に迫ったノンフィクション『日本の黒い霧』には、機密文書が挿入されている。戦後の闇に迫った清張の著作を読み返す必要がありそうだ。

（坪内隆彦）

西部邁・福田和也著、木村岳雄監修『論語清談』（草思社、1760円）

本書は『文學界』で二〇〇〇年から二〇〇一年にかけて実施された対談を、二十年の時を経て単行本に再編したもの。六五〜六六ページの一節が評者の心を打ってやまない。福田が『論語』泰伯編の一節「子曰く、篤く信じて学を好み、守りて死して道を善くす」の後に「危邦に入らず、乱邦に居らず」とくる論理展開を問題にする。それに対して西部が、『論語』に潜む人間社会への絶望感を指摘する。そして木村が、儒学はアグレッシブに社会にかかわろうとする学問であり、隠遁者とははっきり一線を画しながら、一方で乱れた時代の中に於て一人その身を潔くするという隠者的生き方に対するシンパシーを含むことを指摘する。

社会を善くし、道義を貫く志は儒者のみならず、世を正さんとするすべての人が持ち合わせる心に他ならないだろう。人は社会を善くせねば忍びないと思い、己の損得を顧みず、世に対し発言し、行動で働きかけていくのである。一方で社会は度し難く、所詮カネや力を持つ者が勝つ。世人はそれに対し深刻な問題意識を持たず、易きに流れ、道義は正されない。乱れた世にあって世俗的成功を得ることは恥そのものだが、所詮世俗的成功がなければ世間の人はついてこない、したがって道は正されないという諦念もありうる。この一節は世に道を問う人は誰でも痛切に感ずることではあるまいか。

政治においても同じである。政治家はカネに汚い愚物であり、政党の政策は衆愚と利権にまみれている。そこから距離を置き己の清廉たる義を説く道もあるが、むしろ愚物にまみれ、鼻先のみようやく清涼な空気を求めながら、社会に立ち向かっていく道もまた必要ではないだろうか。雑誌を発行していくこともまた然りである。きれいごとですまない現実を抱えつつも、そこにまみれながら世に正論を訴える。それこそが生きる道である。

本書は『論語』に代表される儒学思想の解説ではない。『論語』の一節に生身で相対し、今を生きる人間としてどう受け止め、それを言葉で表現し、共有していく過程を表現したものである。西部邁の語り口を残すという本書の目論見は充分達成されているといえるのではないだろうか。

（小野耕資）

松本丘著「大津崎門派　川島栗斎」（『皇学論纂』令和四年三月所収）

皇學館大学の松本丘先生から『橘家神道未公刊資料集』と『大津崎門派　川島栗斎―伝記・著述及び学問思想の一斑―』（以下「本書」）をご恵送頂いた。後者の川島栗斎は、山崎闇斎－浅見絅斎－若林強斎－西依成斎－奥野寧斎－川島栗斎と受け継がれた大津崎門派の学者である。本書を拝読するにあたり、改めて近藤啓吾先生の『続々山崎闇斎の研究』所収の「川島栗斎所講『論語講義』について―崎門朱子学概説―」を読み返してみた。近藤先生は、出征前、師である内田周平翁からこの栗斎『講義』を生前の片身として贈られたと記されている。川島栗斎は宝暦五（一七五五）年九月二十日に生まれ、文化八（一八一一）年七月二十二日に五十七歳で亡くなった。奥野寧斎と西依成斎に師事した。若林強斎の望楠軒の特色である神儒兼学の学統を受け継ぎ、神道号を「清々翁」と称した。その門人に梅田雲浜が師事した上原立斎がいる。雲浜は山口管山門下の崎門学者であるが、立斎の娘、信を娶り、大津に湖南塾を開いている。

昨年、彦根市高宮神社にある垂加霊社を参詣したが、本書によると「文化四年二月、若林強斎が創祀し、奥野寧斎等が再興した近江多賀の垂加霊社の神体が紛失するといふことがあつたが、栗斎はその再祀に際して祭主を務め、祭文も撰してゐる」とのことである。

以下には、栗斎の崎門学者たる面目躍如を伺わせる資料として、文化五（一八〇八）年に開講した『論語講義』筆録の一節（元片仮名）を掲げる。

「義理に志すならば、人が笑はふが非（そし）らふが、悪（にく）まふが、かまふことはない。これが義理と決定したならば、それをずっかりとしてゆく、その志が立たねば役に立たぬ。その通りに物の見事に義理を守ると、終には始めそしりた人も笑ふた人も感服する様になる。強斎先生の御話に、学問をする者は格別わるいこともせねども、兎角水ぎわの立つた人でなければ役に立たぬ、世間並みの人につれ立つてその中でわるいこともせぬと云ふ人は、とても格別のことはできぬもの、一ときわ水ぎわの立つと云ふことでなければ、すさまじいことはできぬ、と仰せられたが、これらがみな理に志すの功夫に大いに益のあること」（学而・子曰父在観其志章）

活動報告

・オンラインで維新と興亜塾　**橘孝三郎『日本愛国革新本義』を読む**第六回（講師：小野耕資）開催。（七月七日）

・『維新と興亜』**マラソン部結成**。皇居ランを行う（七月九日）。

・『維新と興亜』で外務省に**日米地位協定抜本改定を求める抗議街宣**を実施。折本発行人、坪内編集長、小野副編集長、九十九記者、藤本顧問が参加。日本の主権を踏みにじり、日本人の誇りを傷つけている日米地位協定の抜本改定を妨げているのは、外務省ではないのか？ 日米地位協定に基づく日米合同委員会の日本側代表は外務省北米局長だ。現在の北米局長である市川恵一氏は「自由で開かれたインド太平洋」の発案者として知られる。外務省北米局長は、国民のために働かず、植民地総督のように本国の指示を唯々諾々と実行するだけなのか！ そのような思いを訴えた。その他対米従属を許さない（九十九）、日米合同委員会の議事録公開と米軍が垂れ流すPFAS問題の追及（小野）、鳩山政権下における普天間基地県外移出を潰した疑惑の追及（坪内）、日本の核武装（藤本）、日本の半独立状態の回復と外務省の閨閥支配、横田ラプコンと日本独立の道義恢復（折本）を訴えた。（七月十二日）

・第一回『維新と興亜』懇談会開催。「**来島恒喜はなぜ大隈重信に爆弾を投げたのか？**」について懇談。（八月三日）。

・オンラインで維新と興亜塾　**橘孝三郎『日本愛国革新本義』を読む**第七回（講師：小野耕資）開催。（八月四日）

・**明治神宮外苑前再開発を考える街頭演説会**を開催。小野副編集長、九十九記者が参加。（八月七日）

・第二回『維新と興亜』懇談会開催。「**来島恒喜を生んだ玄洋社と頭山満の精神**」について懇談。（八月十日）。

※活動はyoutube「維新と興亜」チャンネルでも公開。

読者の声

■第十三号でも、山崎行太郎氏が片山杜秀のことを激烈に批判しており、読んでいて痛快だった。ところで、ふと思ったのは、『現代に生きるファシズム』、『平成史』など、片山杜秀は佐藤優と対談本をいくつか出しているが、両者の本質的な差異はどこにあるのだろうか、ということである。

佐藤優は近年、創価学会を礼賛する本を次々と出版していることからもわかるように、普通の言論人とは一線を画すようなところがあるのは確かだと感じる。その辺りのことを、ぜひ一度山崎氏に語っていただきたいものである。（本荘秀宏）

■本誌は「道義国家日本を再建する言論誌」を掲げている。前号（十三号）では参議院選挙前ということで「議席を狙う保守政党徹底比較」として、十党にインタビューとアンケートをした記事があった。

思想や理論のみでなく、現実の政治に対する情報を読者へ提供したことは、大変に意義があったのではないだろうか。（五十嵐智秋）

編集後記

★鳩山総理が目指した「最低でも県外」の断念を決定づけたのは、「極秘」と押印された外務省文書（二十頁に掲載）でした。本誌十三号の巻頭言では、その文書が偽造だった疑いについて書き、さらに外務省前で抗議街宣を行いました。本号では、外務省の文書偽造の事実を確認するとともに、県外移設断念の経緯を明らかにするために、鳩山氏本人にインタビューしました。今後、いかなる経緯で文書が偽造されたかを追及しなければなりません。

★長年にわたって利益誘導を疑われてきた竹中平蔵氏がようやくオリックスとパソナを退任しました。テロの標的となることを恐れたのでしょうか。本誌は彼がすべての公職から身を引くことを強く要求していきます。

★今回から祖国再生同盟代表・弁護士の木原功仁哉先生の連載「世界を牛耳る国際金融資本」がスタートしました。ご期待ください。

★我々独自の主張をお伝えする場として、懇談会（六十一頁）を始めました。気軽にご参加ください。（T）

≪執筆者一覧（掲載順）≫

坪内隆彦　（本誌編集長）
折本龍則　（浦安市議会議員・崎門学研究会代表）
小野耕資　（本誌副編集長・大アジア研究会代表）
亀井静香　（元衆議院議員）
鳩山友紀夫　（元内閣総理大臣）
上田清司　（参議院議員・前埼玉県知事）
神谷宗幣　（参議院議員　参政党副代表・事務局長）
近藤大介　（現代ビジネス編集次長）
嵯峨　隆　（静岡県立大学名誉教授）
鈴木傾城　（作家・アルファブロガー）
出見晃大　（本誌記者）
木原功仁哉　（祖国再生同盟代表・弁護士）
西村眞悟　（元衆議院議員）
倉橋　昇　（歴史学者）
慶野義雄　（平成国際大学名誉教授）
川瀬善業　（株式会社フローラ会長）
金子宗德　（里見日本文化学研究所所長）
森田忠明　（一般社団法人日本経綸機構代表理事）
杉本延博　（奈良県御所市議会議長）
玉川可奈子　（歌人）
福山耕治　（医師）
廣木　章　（崎門学研究会会員）

道義国家日本を再建する言論誌
維新と興亜　第十四号
令和四年八月二十八日　発行
編　集　崎門学研究会　大アジア研究会
発行人　折本龍則（望楠書房代表）
〒279—0001
千葉県浦安市当代島1—3—29アイエムビル5F
TEL　047—352—1007（望楠書房）
Email　mail@ishintokoua.com
URL　https://ishintokoua.com

※　次号第十五号は令和四年十月発行